KB244432

초급 실용

스페인어 문법

김우성 저

송산출판사

머 리 말

스페인어는 스페인과 중남미 20여 개국에서 3억 5천만의 인구가 사용하고 UN 및 많은 국제기구의 공용어일 뿐 아니라, 세계에서 영어 다음으로 많이 통용되는 국제 의사소통어입니다.

지금과 같은 국가 간 무한경쟁시대에 부존자원이 빈약한 우리로서는 생존전략 차원에서 외국과의 교역확대를 다각도로 모색할 필요가 있다고 생각합니다. 이런 점에서 볼 때 광활한 땅, 풍부한 자원, 무한한 잠재력을 가진 중남미 대륙이야 말로 우리가 진취적으로 나아갈 때 커다란 성과가 기대되는 지역이라 할 수 있겠습니다. 정부에서도 이 지역에 대한 진출을 꾸준히 모색한 결과 지난 2003년 남미의 칠레와 자유무역협정(Tratado de Libre Comercio)을 체결하였습니다.

한－칠레간의 자유무역협정 체결을 계기로 중남미 지역에 대한 보다 적극적인 진출 방안이 논의되고 있습니다. 이를 위해서는 현지 사정에 정통한 전문 인력의 체계적인 양성이 무엇보다도 시급하다고 생각합니다. 이 전문 인력들에게 필수적으로 요구되는 것이 이 지역의 공용어인 스페인어 구사능력입니다.

본 「실용 초급 스페인어 문법」은 한국인의 스페인어 구사능력 향상에 조금이나마 도움을 주고자 그동안 대학에서의 강의 경험을 토대로 펴내게 되었습니다. 따라서 본서에서는 스페인어를 처음으로 접하는 학습자들이 기초 의사소통능력을 배양하는 데 토대가 되는 문법 사항을 쉽고, 정확하고, 체계적으로 설명하였습니다.

본 「실용 초급 스페인어 문법」은 다음과 같은 특징으로 구성되어 있습니다.

1. 스페인어의 문법 중 초보 학습자들이 의사소통 시 반드시 알아야 할 기본적인 사항을 예문과 함께 설명한 후, 이를 실제 상황에서 활용할 수 있도록 각 항목마다 가능한 한 많은 연습문제를 수록하였습니다.
2. 예문 및 연습문제는 되도록이면 일상생활에 필요한 구어체 문장을 위주로 했습니다.
3. 각 문법 형태가 갖는 의사소통기능을 설명하고 이를 활용할 수 있도록 했습니다.
4. 스페인어권 문화를 소개함으로써 학습자의 흥미를 유도하는 한편, 스페인어 의사소통 시 필요한 문화지식을 습득할 수 있도록 했습니다.
5. 초보 학습자들이 반드시 숙지해야 할 사용빈도가 높은 불규칙 동사의 변화표를 부록으로 수록하여 필요할 때마다 참조하도록 했습니다.

마지막으로 본 문법서가 스페인어를 처음으로 접하는 사람들에게 많은 도움이 되기를 바라며, 어려운 여건 속에서도 본서의 출판을 위해 많은 노력을 아끼지 않으신 송산출판사 관계자 여러분들께 감사의 말씀을 드립니다.

2004년 2월

저자 김우성

차 례

LECCIÓN 01

알파벳과 명칭

문자	명칭	문자	명칭
A, a	a(아)	N, n	ene(에네)
B. b	be(베)	ñ	eñe(에녜)
C, c	ce(쎄)	O, o	o(오)
Ch, ch	che(체)	P. p	pe(뻬)
D, d	de(데)	Q, q	cu(꾸)
E, e	e(에)	R, r	ere(에레)
F, f	efe(에훼)	rr	erre(에ㄹ레)
G, g	ge(헤)	S, s	ese(에쎄)
H, h	hache(아체)	T, t	te(떼)
I, i	i(이)	U, u	u(우)
J, j	jota(호따)	V, v	uve(우베)
K, k	ka(까)	W, w	uve doble(우베 도블레)
L, l	ele(엘레)	X, x	equis(에끼쓰)
Ll, ll	elle(엘예)	Y, y	ye(예)
M, m	eme(에메)	Z, z	zeta(쎄따)

※ ch와 ll는 현재 독립된 문자로 간주되지 않음

I. 발음

1. 모음

스페인어에는 모두 5개의 모음이 있다. 이 중에서 a, e, o는 강모음이고, i, u는 약모음이다.

(1) 강모음

a : 우리말의 '아'처럼 발음된다.

  casa 집   mamá 엄마   papá 아빠

e : 우리말의 '에'처럼 발음된다.

   este 이   beber 마시다   tener 가지다

o : 우리말의 '오'처럼 발음된다.

   ojo 눈   poco 조금   solo 홀로

(2) 약모음

i : 우리말의 '이'처럼 발음된다.

   ir 가다   difícil 어려운   fin 끝

u : 우리말의 '우'처럼 발음된다.

   uno 하나   luna 달   azul 파란

(3) 이중모음

  이중모음이란 '강모음+약모음', '약모음+강모음', 혹은 '약모음+약모음'으로 구성되는데 음절 분해 시 하나의 모음으로 간주된다.

1 강모음+약모음

   ai - aire 공기   baile 춤
   au - causa 이유   auto 자동차
   ei - peine 빗   reina 여왕
   eu - Europa 유럽   deuda 빚
   oi - coincidir 일치하다 boina 베레모

2 약모음+강모음

   ia - comedia 희극   diálogo 대화
   ie - cielo 하늘   siete 7
   io - Dios 신   canción 노래
   ua - agua 물   cuatro 4

ue - bueno 좋은   puerto 항구
uo - antiguo 오래된   cuota 몫

3 약모음+ 약모음
iu - ciudad 도시   triunfo 승리
ui - ruido 소음   cuidado 조심

⑷ 삼중모음

삼중모음은 두 개의 약모음과 하나의 강모음으로 구성되며 이중모음처럼 음절 분해 시 하나의 모음으로 간주된다.

iai - estudiáis 'estudiar'동사의 직설법 현재 2인칭 복수형
iei - estudiéis 'estudiar'동사의 접속법 현재 2인칭 복수형
uai - Paraguay 파라과이
uei - buey 당나귀

2. 자음

모음 a, e, i, o, u를 제외한 25개가 자음에 속한다.

b : 우리말의 'ㅂ'과 같은 소리가 난다.
   bailar 춤추다   ambos 두 개의   abrir 열다

c : 뒤에 모음 a, o, u가 오면 'ㄲ' 소리가 나고, 모음 e, i가 오면 우리말
   의 'ㅅ'과 'ㅆ'의 중간 소리처럼 발음된다. 후자의 경우 스페인에서는
   치간음 /θ/로 발음한다.
   casa 집   cosa 물건   cuarto 방
   centro 중심   cine 영화관

ch : 우리말의 'ㅊ'처럼 발음된다.

  China 중국   coche 자동차   muchacho 소년

d : 우리말의 'ㄷ'과 같은 소리가 난다. 그러나 d가 단어의 맨 마지막에
오면 받침처럼 붙여 읽는다. 따라서 스페인의 수도인 Madrid는 '마드
리드'가 아니라 '마드릿'으로 발음해야 한다.

  dar 주다   dedo 손가락   día 일

  Madrid 마드리드   ciudad 도시   edad 나이

f : 영어의 f와 같다. 우리말의 'ㅎ'이나 'ㅍ'으로 발음하지 않도록 주의해
야 한다.

  fácil 쉬운   difícil 어려운   fuego 불

g : 뒤에 자음이나 모음 a, o, u가 오면 'ㄱ'처럼 발음되고, 모음 e, i가
오면 'ㅎ'처럼 소리가 난다. 그러나 gue인 경우에는 '게'로, gui의 경우
에는 '기'로 발음되며, gue나 gui의 경우라도 u 위에 점(‥)이 찍히면
'구에'와 '구이'로 각각 발음된다.

  gato 고양이   lago 호수   gusto 기쁨

  gloria 영광   general 장군   gigante 거인

  guerra 전쟁   guitarra 기타

  vergüenza 수치   lingüística 언어학

h : 어떤 경우에도 소리가 나지 않는 묵음이다.

  hoy 오늘   ahora 지금   hacer 만들다

j : 우리말의 'ㅎ'처럼 발음된다. 그러나 숨이 목구멍 안쪽에서부터 나오
는 강한 소리이다.

  jugo 주스   ojo 눈   julio 7월

k : 주로 외국어에서 유래한 단어에서 쓰이며 'ㄲ'처럼 발음된다.

    kilo 킬로그램   kilómetro 킬로미터   kinder 유치원

l : 우리말 '마을'의 'ㄹ'과 같은 소리가 난다. 혀를 잇몸 위쪽 입천장에
    붙였다 떼면서 발음한다. 모음 사이에서는 두 번 소리가 난다.

    libro[리브로] 책   hola[올라] 안녕   sueldo 월급

ll : 우리말 '이'와 '지'의 중간 소리처럼 발음된다.

    llave 열쇠   calle 거리   lluvia 비

m : 우리말의 'ㅁ'과 같은 소리가 난다.

    mucho 많이   amor 사랑   multa 벌금

n : 우리말의 'ㄴ'과 같은 소리가 난다.

    noche 밤   entrar 들어가다   canción 노래

ñ : 우리말의 '니'처럼 발음된다.

    uña 손톱   señor 신사   otoño 가을

p : 우리말의 'ㅃ'처럼 발음된다.

    piano 피아노   postre 후식   sopa 수프

q : 항상 que(께), qui(끼)로만 발음된다.

    qué 무엇   quién 누구   queso 치즈

r : 우리말 '소리' 할 때 'ㄹ'처럼 발음된다. 그러나 단어의 첫머리에 오면
    복합진동음 /rr/로 발음된다.

    cara 얼굴   caro 비싼   comer 먹다
    rosa 장미   radio 라디오   rápido 빠른

rr : 복합진동음으로 혀끝을 잇몸에 대고 반복적으로 떨리게 해서 나는
　　소리이다. 우리말의 '부르릉'할 때 나는 '르' 발음을 연상하면 된다.
　　perro 개　　　　　　　carro 차　　　　　　arroz 쌀

s : 우리말의 'ㅅ'과 'ㅆ'의 중간 소리처럼 발음된다.
　　salsa 소스　　　　　　vaso 컵　　　　　　sueño 꿈

t : 우리말의 'ㄸ'처럼 발음된다.
　　tonto 바보　　　　　　tiempo 시간　　　　cantar 노래하다

v : b와 같이 'ㅂ'처럼 발음된다. 스페인어는 영어와 달리 b와 v의 발음
　　이 동일하다. 다만 철자를 말할 때 b와 구별하기 위해 흔히 '우베'(u
　　다음에 나오는 v)라고 한다.
　　vivir 살다　　　　　　verano 여름　　　　valor 가치

w : 외래어를 표기하는 데 사용된다.
　　Washington 워싱턴　　whisky 위스키　　　won 원

x : 일반적으로 '윽스'로 발음된다. 그러나 예외적으로 멕시코에서는 'ㅎ'
　　처럼 발음되기도 한다.
　　examen: 시험　　　　boxeador 권투선수　contexto 문맥
　　México(메히꼬) 멕시코 Oaxaca 오아하까

y : 우리말 '이'와 '지'의 중간 소리처럼 발음된다.
　　yo 나　　　　　　　　mayo 5월　　　　　ley 법

z : 스페인어권 대부분 국가에서는 철자 s처럼 발음하나 스페인에서는
　　치간음 /θ/로 발음한다.
　　zapato 구두　　　　　cerveza 맥주　　　paz 평화

II. 음절분해

   음절이란 한 번에 발음할 수 있는 음을 말하며, 단어는 하나의 음절 내지 여러 개의 음절로 이루어진다. 음절의 중심은 모음이고 자음은 홀로 독립된 음절을 구성하지 못한다. 스페인어 음절 구성의 기본적인 규칙은 다음과 같다.

1. 모음이나 모음군은 한 음절을 구성할 수 있으나 자음은 뒤에 오는 모음과 함께 음절을 구성한다.

a-mi-go   a-bue-la   Eu-ro-pa

2. 이중모음이나 삼중모음은 하나의 모음으로 간주하여 분리되지 않는다.

bai-le   Dia-na   es-tu-diáis

3. 두 개의 자음이 두 모음 사이에 오면 분리되어 앞뒤 모음과 결합하여 음절을 구성한다.

mun-do   al-fa-be-to   cam-pe-ón

4. b, c, d, f, g, l, t와 l나 r가 결합하면 분리되지 않고 뒤에 나오는 모음과 함께 한 음절을 이룬다. 또한 ch, ll, rr는 하나의 자음으로 간주된다.

ha-blar   o-tro   so-bre

mu-cha-cho   ca-lle   pe-rro

5. 세 개의 자음이 두 모음 사이에 오면 마지막 자음은 뒤에 오는 모음과 함께 음절을 구성한다.

ins-pec-tor   trans-por-te   cons-tan-cia

6. 연속된 강모음은 분리되고 이중모음이라도 약모음에 강세부호가 있으면 강모음으로 간주하여 분리된다.

em-ple-a-do   le-er   po-e-ta

tí-o   Ma-rí-a   pa-ís

III. 강세

　스페인어의 모든 단어는 일정한 규칙에 따라 특정 음절의 모음에 강세가 온다. 이러한 규칙을 따르지 않는 단어는 강세가 오는 모음 위에 강세부호가 사용된다.

1. 모음과 자음 n, s로 끝나는 단어는 뒤에서 두 번째 음절에 강세가 온다.

　　hi-jo　　　　　　fa-mo-sos　　　　　ve-ces

2. n, s를 제외한 모든 자음으로 끝나는 단어는 맨 마지막 음절에 강세가 온다.

　　a-mor　　　　　　ciu-dad　　　　　　na-riz

3. 위의 규칙을 따르지 않는 모든 단어는 모음 위에 강세부호가 찍힌다.

　　ca-fé　　　　　lá-piz　　　　　mú-si-ca　　　　　Ma-rí-a

IV. 연음

　스페인어로 말할 때는 단어를 개별적으로 발음하지 않고 여러 개의 단어를 이어서 발음하는 것이 보통이다. 이것을 연음이라 하는데 스페인어의 몇 가지 연음규칙을 보면 다음과 같다.

1. 자음으로 끝나는 단어와 모음으로 시작하는 말이 이어질 때는 앞의 자음이 뒤의 모음과 함께 발음된다.

　　un ángel　　　　　　　u-nán-gel
　　por ejemplo　　　　　　po-re-jem-plo
　　Carlos anda　　　　　　Car-lo-san-da

2. 앞에 나오는 단어의 마지막 음과 이어지는 단어의 첫 음이 동일한 경우에는 하나의 음으로 발음하나 약간 길게 한다.

una amiga	u-na-mi-ga
lo olvido	lol-vi-do
Carlos salta	Car-lo-sal-ta

연습 다음 지명에 나오는 굵은 글씨로 된 문자의 대문자 및 소문자를 쓰고 그 명칭을 말하시오.

문자	명칭	예	문자	명칭	예
		Argentina			Nicaragua
		Bolivia			España
		Cuba			Oviedo
		Chile			Perú
		Santo Domingo			Quito
		Ecuador			Mérida
		Filipinas			Corrientes
		Guatemala			El Salvador
		Honduras			Tegucigalpa
		Islas Canarias			Uruguay
		San Juan			Venezuela
		Tikal			Washington
		Lima			Tuxtla
		Valladolid			Yucatán
		Madrid			Zaragoza

연습 다음에 나오는 단어의 음절을 분해하고 강세가 오는 음절을 표기하시오.

1. espero	6. tranquila	11. supremo
2. doctor	7. idea	12. chocolate
3. social	8. ferrocarril	13. leer
4. vueltos	9. constancia	14. colorado
5. programa	10. criminal	15. comunidad

연습 다음에 나오는 구나 문장을 큰 소리로 읽어 보시오.

1. el oro	6. Es un hombre.
2. las uvas	7. Están aquí.
3. su ave	8. Susana atiende.
4. un amigo	9. Me iba.
5. el lado	10. Hablan español.

의사소통 활동

◆ 인사하기

Buenos días	아침 인사
Buenas tardes	오후 인사
Buenas noches	저녁 인사

◆ 만날 때

¡Hola!	영어의 Hi에 해당
¿Qué tal?	안부(친한 사이)
¿Cómo estás?	안부(친한 사이)
¿Cómo está Ud.?	안부(존칭)

Muy bien, gracias	대답
Bien, gracias	대답
Más o menos	대답(그저 그래)

◆ 헤어질 때

Adiós	안녕
Hasta luego	또 만나자
Hasta mañana	내일 보자

스페인어란

　스페인어(el español)는 현재 4개 대륙 3억 5천만의 인구가 사용하는 국제어이다. 스페인의 까스띠야 지방(Castilla)에서 생겨난 스페인어는 발생지인 스페인과 멕시코를 비롯한 중남미 대부분 국가의 공용어로 사용되고 있으며, 미국의 많은 지역에서도 영어 다음으로 많이 쓰인다.

　이렇게 사용범위가 넓은 스페인어는 지역에 따라 발음, 어휘 부분에서 약간씩 차이를 보인다. 그러나 의사소통을 하는 데는 별 지장이 없다. 스페인어는 크게 스페인에서 사용되는 스페인어와 중남미 스페인어로 구별해 볼 수 있는데 이 두 지역에서 공통으로 사용되는 표준 스페인어는 존재하지 않으며, 단지 각 국가의 수도에서 사용하는 교양계층의 말을 표준어로 간주한다.

　스페인어를 지칭할 때 보통 español이라고 말하나 이 언어가 유래한 까스띠야 지방의 말이란 뜻인 castellano라고 부르기도 한다. 그러나 그 토대는 옛 로마제국의 언어였던 라틴어이다. 라틴어에서 파생된 언어들을 로망스어라 부르는데, 스페인어, 프랑스어, 이탈리아어, 포르투갈어, 루마니아어 등이 이에 속한다.

LECCIÓN 02

01 명사의 성과 수

1. 명사의 성

명사는 사람과 사물을 지칭하는 말로 남성과 여성으로 구분된다. 따라서 스페인어의 명사를 사용할 때는 그 명사가 어떤 성에 속하는지를 미리 알고 있어야 한다.

스페인어에서 명사의 성을 구분하는 기본적인 규칙은 다음과 같다.

(1) 일반적으로 명사가 -o로 끝나면 남성이고, -a로 끝나면 여성이다. 그러나 예외가 있다는 것에 주의해야 한다.

남성	여성
muchacho(소년)	muchacha(소녀)
esposo(남편)	esposa(부인)
número(번호)	casa(집)

예외) día 날 (남성) mano 손 (여성)
mapa 지도 (남성) foto 사진 (여성)

(2) -ción, -sión, -dad, -tad으로 끝나는 명사는 대부분 여성이다.
televisión 텔레비전 conversación 회화
universidad 대학 libertad 자유

(3) 그 밖의 명사의 성은 개별적으로 외워야 한다.

남성	여성
español(스페인어)	calle(거리)
lápiz(연필)	flor(꽃)
coche(자동차)	noche(밤)

⑷ 여성 명사 만들기

1 -o로 끝나는 남성 명사는 -o 대신에 -a를 붙인다.

novio 애인(남) → novia 애인(여)

secretario 비서(남) → secretaria 비서(여)

2 자음으로 끝나는 남성 명사는 -a를 붙인다.

profesor 선생(남)→ profesora 선생(여)

doctor 의사(남) → doctora 의사(여)

연습 다음에 나오는 명사의 성을 말하시오.

1. secretaria	5. hospital	9. mano
2. libro	6. cuaderno	10. pintor
3. pluma	7. día	11. ciudad
4. idioma	8. mapa	12. jardín

2. 명사의 수

명사가 나타내는 개체의 수가 하나면 단수 명사가 사용되나 개체가 여럿이면 명사의 복수형이 사용된다. 스페인어 명사의 복수형을 만드는 방법은 아주 간단하다.

⑴ 모음으로 끝나는 명사는 -s를 붙이면 된다.

escritorio → escritorios   señora → señoras

⑵ 자음으로 끝나는 명사는 -es를 붙인다.

reloj → relojes   mujer → mujeres

lección → lecciones   ciudad → ciudades

※ lecciones는 규칙에 따라 강세가 -cio-에 오기 때문에 엑센트 표시가 불필요하다.

⑶ -z로 끝나는 명사는 z를 c로 바꾸고 -es를 붙인다.

lápiz → lápices   luz → luces

연습 다음 명사를 복수형으로 바꾸시오.

1. flor   → _______________
2. canción   → _______________
3. reloj   → _______________
4. día   → _______________
5. zapato   → _______________
6. vez   → _______________
7. papel   → _______________
8. profesor   → _______________
9. autobús   → _______________
10. tren   → _______________

3. 정관사

스페인어에서는 명사 앞에 정관사를 사용하여 그 명사가 이미 알려진 특정한 것임을 나타낸다. 스페인어의 정관사는 함께 나오는 명사의 성과 수에 따라 다음과 같은 4가지 형태가 있다.

	단수	복수
남성	el	los
여성	la	las

el maestro   los maestros

la maestra   las maestras

el lápiz   los lápices

※ 스페인어의 명사를 배울 때는 그에 상응하는 정관사와 함께 외우는 것이 그 명사의 성을 기억하는 데 많은 도움이 된다.

4. 부정관사

    부정관사는 명사 앞에 위치하며 셀 수 있는 명사의 어느 하나 혹은 몇 몇을 가리킨다. 부정관사 또한 정관사와 마찬가지로 함께 쓰이는 명사의 성과 수에 따라 4가지 형태가 있다.

	단수	복수
남성	un	unos
여성	una	unas

un gato   unos gatos

una mujer   unas mujeres

un profesor   unos profesores

연습 다음에 나오는 명사에 해당하는 정관사를 쓴 다음, 복수형으로 바꾸시오.

보기) la mesa → las mesas

1. _____ coche   →   _________

2. _____ médico   →   _________

3. _____ niña   →   _________

4. _____ mano   →   _________

5. _____ hotel   →   _________

6. _____ hombre   →   _________

7. _____ habitación   →   _________

8. _____ radio   →   _________

9. _____ día   →   _________

10. _____ foto   →   _________

다음에 나오는 명사에 해당하는 부정관사를 쓴 다음, 복수형으로 바꾸시오.

보기) <u>una</u> mesa → <u>unas</u> <u>mesas</u>

1. _____ café → _____________

2. _____ zapato → _____________

3. _____ flor → _____________

4. _____ mapa → _____________

5. _____ hijo → _____________

6. _____ cerveza → _____________

7. _____ autobús → _____________

8. _____ problema → _____________

9. _____ moto → _____________

10. _____ sofá → _____________

의사소통 활동

◆ 어떤 사물의 명칭을 모르는 경우

묻기	¿Qué es esto?
답하기	Es un _________.
	Es una _________.

예) -¿Qué es esto?

-Es un libro.

연습 다음 괄호 안에 나오는 우리말에 해당하는 스페인어를 쓰시오.

보기) ¿Qué es esto?　　　　　　　Es <u>un coche</u>. (자동차)

1. ¿Qué es esto?　　　　　Es __________. (컴퓨터)
2. ¿Qué es esto?　　　　　Es __________. (노트)
3. ¿Qué es esto?　　　　　Es __________. (열쇠)
4. ¿Qué es esto?　　　　　Es __________. (시계)
5. ¿Qué es esto?　　　　　Es __________. (꽃)
6. ¿Qué es esto?　　　　　Es __________. (학교)
7. ¿Qué es esto?　　　　　Es __________. (화장실)
8. ¿Qué es esto?　　　　　Es __________. (병원)
9. ¿Qué es esto?　　　　　Es __________. (장미)
10. ¿Qué es esto?　　　　　Es __________. (문)

스페인어권의 이름

　스페인어권의 이름은 '이름 + 아버지 성 + 어머니 성'으로 이루어진다 (예: Gabriel García Márquez). 그러나 이것은 공공서류와 같이 성명(full name)을 요구할 때 사용되고, 일상적으로는 '이름 + 아버지 성'이 쓰인다(예: Enrique Iglesias). 여성은 결혼하면 처녀 때의 이름을 그대로 유지하나 사회적으로는 남편 성을 덧붙여 쓰는 것이 일반적이다. 이때 남편의 성 앞에 전치사 de를 놓는다. 예를 들어 Miguel Castro와 Isabel Allende가 결혼하면 여자의 이름이 Isabel Allende de Castro가 된다. 그리고 둘 사이에 아이가 태어나서 그의 이름이 Antonio라면, 그의 성명은 Antonio Castro Allende가 된다.

LECCIÓN 03

01 주격 인칭 대명사

　주격 인칭 대명사란 주어로 사용되는 인칭 대명사를 말한다. 스페인어의 주격 인칭 대명사는 다음과 같다.

단　수		복　수	
yo	나	nosotros(남성)	우리들
		nosotras(여성)	
tú	너	vosotros(남성)	너희들
		vosotras(여성)	
usted(Ud.)	당신	ustedes(Uds.)	당신들
él	그	ellos	그들
ella	그녀	ellas	그녀들

1. 2인칭 대명사 tú는 가족, 친지, 친구 등과 같이 서로 친밀감이 있는 경우에 사용된다. 오늘날 스페인어권의 젊은이들은 처음 만나는 사이에도 tú를 사용하는 것이 일반적이다.

2. usted(Ud.)은 거리감이 있거나 격식이 필요한 사이에 쓰인다. 내용상으로는 2인칭이지만 형식상으로는 3인칭으로 간주된다. 그래서 usted의 동사 변화형은 3인칭 변화형과 같다.

3. tú의 복수형인 vosotros(as)는 스페인에서만 사용되고 중남미에서는 쓰이지 않는다. 중남미에서는 vosotros(as) 대신에 ustedes(Uds.)가 tú의 복수형으로 사용된다.

연습 다음 우리말에 해당하는 인칭 대명사를 빈칸에 넣으시오.

단 수		복 수	
yo	나	(남성)	우리들
		nosotras(여성)	
	너	vosotros(남성)	너희들
		(여성)	
usted(Ud.)	당신		당신들
él	그		그들
	그녀	ellas	그녀들

연습 다음에 나오는 사람에게 말을 하려고 할 때 여러분들이 사용해야 하는 적절한 인칭 대명사를 고르시오.

1. 교수님   (tú,   Ud.)
2. 학과 선후배   (tú,   Ud.)
3. 형   (tú,   Ud.)
4. 어머니   (tú,   Ud.)
5. 음식점 종업원   (tú,   Ud.)
6. 처음 만난 이성 친구 (tú,   Ud.)
7. 여행사 직원   (tú,   Ud.)
8. 여자 승무원   (tú,   Ud.)

02 Ser 동사의 직설법 현재

1. 형태

yo	soy
tú	eres
él, ella Ud.	es
nosotros(as)	somos
vosotros(as)	sois
ellos, ellas, Uds.	son

　스페인어의 동사는 주어의 인칭과 수에 따라 6가지 형태로 변화한다. 따라서 동사 변화형을 보면 그 주어를 알 수 있으므로 일반적으로 주격 인칭 대명사가 사용되지 않는다.

2. 용법

(1) Ser + 이름

　-¿Quién es él? 그는 누구니?

　-Es Luis Miguel. 루이스 미겔이야.

(2) Ser + 직업

　-¿Es Ud. profesor? 당신은 선생님입니까?

　-No, soy estudiante. 아니오, 저는 학생입니다.

(3) Ser + 국적

　-¿Es Fernando Torres mexicano?

　페르난도 또레스는 멕시코 사람입니까?

　-Sí, es de Guadalajara. 네, 과달라하라 출신입니다.

⑷ Ser + de + 출신지

　-¿De dónde eres? 너는 어디서 왔니?

　-Soy de España. 스페인에서 왔어.

⑸ Ser + 형용사: 주어의 항구적인 속성을 나타낸다.

　-¿Es Maribel alta? 마리벨은 키가 크니?

　-Sí, es alta y bonita. 그래, 키가 크고 예뻐.

연습 다음 빈칸에 ser 동사의 적당한 변화형을 쓰시오.

1. Yo __________ diseñador.

2. Tú __________ médico.

3. Él __________ cantante.

4. Nosotros __________ estudiantes.

5. Ellas __________ secretarias.

6. Uds. __________ de México.

7. Ella no __________ rica.

8. Ellos __________ solteros.

9. Ud. __________ extranjero.

10. Ana María __________ optimista.

03 형용사

형용사는 명사를 수식하는 말로 명사의 성질이나 상태를 나타내는 품질 형용사와 명사를 한정하는 한정 형용사로 나뉜다.

1. 형태

스페인어의 형용사는 수식하는 명사의 성·수에 따라 형태가 변화한다.

⑴ -o로 끝나는 남성 단수 형용사는 -o 대신에 -a를 붙여 여성 단수 형용사로 만든다. 이 경우 복수형은 -s를 붙이면 된다.

el chico rubio	la chica rubia
금발의 아이(남)	금발의 아이(여)
los chicos rubios	las chicas rubias
금발의 아이들(남)	금발의 아이들(여)

⑵ 모음 -e로 끝나는 형용사는 남성형과 여성형이 동일하다. 이 경우에도 복수형은 -s를 붙여 만든다.

el libro interesante	la lección interesante
재미있는 책	재미있는 과
los libros interesantes	las lecciones interesantes
재미있는 책들	재미있는 과들

⑶ 자음으로 끝나는 대부분의 형용사도 남성형과 여성형이 같다. 이 경우 복수형은 -es를 붙이면 된다.

el libro fácil	la clase fácil
쉬운 책	쉬운 수업
los libros fáciles	las clases fáciles
쉬운 책들	쉬운 수업들

⑷ 그러나 자음으로 끝나는 국적을 나타내는 형용사나 -or로 끝나는 형용

사는 자음 뒤에 -a를 붙여 여성형으로 만든다.

el profesor español	la profesora española
스페인 선생님(남)	스페인 선생님(여)
el alumno japonés	la alumna japonesa
일본인 학생(남)	일본인 학생(여)
el hombre trabajador	la mujer trabajadora
부지런한 남자	부지런한 여자

2. 위치

⑴ 품질 형용사는 일반적으로 명사 뒤에 나와 그 명사의 의미를 제한하여 다른 것과 구별(비교)하는 기능을 한다.

el chico inteligente	la alumna trabajadora
똑똑한 남자아이	부지런한 여학생
los coches caros	las mujeres elegantes
비싼 차들	우아한 여자들

⑵ 그러나 명사가 비교 대상이 없거나 다른 것과 비교하지 않고 단순히 명사의 속성만을 말하고자 할 때는 형용사가 명사 앞에 위치한다.

la blanca nieve	la dulce miel
하얀 눈	달콤한 꿀
mi buena madre	Feliz Navidad
훌륭하신 나의 어머니	메리 크리스마스

⑶ 국적을 나타내는 형용사는 반드시 명사 뒤에 나온다.

el profesor chileno	la cantante norteamericana
칠레 선생님(남)	미국인 가수(여)

⑷ 한정(지시, 소유, 수, 부정, 의문) 형용사는 일반적으로 명사 앞에 나온다.

este libro	mi amigo	dos helados
이 책	내 친구	아이스크림 2개

04 관사, 명사 및 형용사의 성·수 일치

스페인어에서 관사와 형용사는 명사와 함께 쓰일 때 명사의 성과 수에 따라 그 형태가 변화한다.

un muchacho alto	una muchacha alta
los muchachos altos	las muchachas altas

1. 하나의 형용사가 두 개의 명사를 수식할 때는 복수형이 사용된다.

el padre y el hijo altos　　키가 큰 아버지와 아들

la silla y la mesa blancas　하얀색 의자와 식탁

2. 수식하는 두 개의 명사가 서로 다른 성을 갖는 경우에는 남성 형용사가 사용된다.

el teléfono y la computadora negros 검정색 전화기와 컴퓨터

연습 다음 문장을 완성하시오.

1. María es un_____ muchacha inteligent_____.

2. Pedro y Juan son español_____.

3. La profesora es simpátic_____.

4. Marisa es alt_____.

5. Las mujeres son moren_____.

6. Adriana es rubi_____.

7. Los muchachos son baj_____.

8. Pedro y Juan son gord_____.

9. Tú y yo somos delgad_____.

10. Las clases son fácil_____.

연습 다음에 나오는 단어를 사용하여 보기와 같이 문장을 만드시오.

보기) Ella: un(a)/bueno(a)/amigo(a) → Ella es una buena amiga.

1. él: un(a) / maestro(a) / simpático(a) →

2. el muchacho: un(a) / bueno(a) / amigo(a) →

3. yo: un(a) / estudiante / trabajador(a) →

4. nosotros(as): estudiante / serio(a) →

5. las señoras: vecino(a) / aburrido(a) →

6. la señorita: un(a) / bueno(a) / doctor(a) →

7. tú: un(a) / estudiante / inteligente →

8. los señores: policía / fuerte →

05 Estar 동사

1. 형태

yo	estoy
tú	estás
él, ella, Ud.	está
nosotros(as)	estamos
vosotros(as)	estáis
ellos, ellas, Uds.	están

2. 용법

(1) 특정한 사람이나 사물의 위치를 나타내는 데 사용된다.

Estar + 장소를 나타내는 부사구(en + 장소)

-¿Dónde está Adriana ahora?

아드리아나는 지금 어디에 있니?

-Está en la universidad.

학교에 있어.

(2) 형용사와 함께 사용하여 주어의 일시적인 상태를 나타낸다.

> Estar + 형용사(주격 보어)

※ 이 경우 형용사는 주어의 성과 수에 일치해야 한다.

-¿Cómo están Uds.?

너희들은 어떻게 지내니?

-Yo estoy bien, pero María está enferma.

나는 잘 지내는데 마리아는 몸이 아파.

연습 다음 빈칸에 estar 동사의 올바른 형태를 쓰시오.

1. María _________ en el club.

2. Yo _________ cansado hoy.

3. Uds. _________ muy ocupados.

4. Juan _________ en casa.

5. Ella y yo _________ en el supermercado.

6. Los niños _________ en la habitación.

7. ¿Ud. siempre _________ aquí?

8. ¿Dónde _________ el baño?

9. Ellos _________ detrás de la puerta.

10. ¿Uds. _________ bien?

06 전치사 de의 용법

1. 소유, 출신지, 재료 등을 나타낸다.

El coche es de Pedro. 그 차는 뻬드로의 것이다.

Juan es de Colombia. 환은 콜롬비아에서 왔다.

La mesa es de madera. 그 탁자는 목재이다.

2. de + 명사

스페인어에서는 명사가 명사를 수식하는 경우 우리말과는 달리 명사와 명사 사이에 전치사 de를 삽입한다. 예를 들어 우리말 '스페인어 선생님'은 스페인어로 el profesor de español이라고 한다.

la clase de español 스페인어 수업

el mapa de México 멕시코 지도

el número de teléfono 전화번호

el dinero de Marta 마르따의 돈

연습 다음에 나오는 단어를 사용하여 보기와 같이 쓰시오.

보기) María/el novio → el novio de María

1. la maestra / los libros   →

2. Jorge / el reloj   →

3. Armando / las amigas   →

4. Corea / el Presidente   →

5. Adela / la dirección   →

6. computación / el curso   →

7. Marta / el dinero   →

8. teléfono / el número   →

Ser 동사와 estar 동사의 용법의 차이

스페인어의 ser와 estar 동사는 영어의 be 동사에 해당하는 동사이나 그 용법이 서로 상이하므로 사용 시 그 차이점을 정확히 알아둘 필요가 있다. 특히, 이 두 동사 다음에 보어로서 형용사가 오는 경우 ser 동사는 주어의 항구적인 속성을 나타내는 데 사용되고, estar 동사는 주어의 일시적인 상태를 나타내는 데 쓰인다. 예를 들어 '그녀는 예쁘다'라고 할 경우에는 주어의 항구적인 속성을 나타내므로 ser 동사를 사용하여 'Ella es bonita.'라고 하지만, '그녀는 피곤하다'라고 할 경우에는 주어의 일시적인 상태를 나타내기 때문에 estar 동사를 사용하여 'Ella está cansada.'라고 한다.

1. Ser 동사

⑴ 주어의 항구적인 속성(성격, 특징)

Miguel es alegre. 미겔은 명랑하다.

Tú eres joven. 너는 젊다.

⑵ 재료를 나타낸다.

La corbata es de seda. 넥타이는 실크로 만들었다.

⑶ 광의의 소유관계를 나타낸다.

El teléfono celular es de Julia. 그 휴대전화는 훌리아의 것이다.

El coche es de la hermana de Rosa. 그 차는 로사 동생의 것이다.

⑷ 국적, 출신, 직업을 나타낸다.

Sandra es española. 산드라는 스페인 사람이다.

Yo soy de Buenos Aires. 나는 부에노스 아이레스에서 왔다.

Ella es profesora. 그녀는 선생님이다.

(5) 시간 및 요일을 나타낸다.

    Hoy es domingo. 오늘은 일요일이다.

    Son las dos de la tarde. 오후 2시이다.

(6) 특정한 사건이 일어난 시간이나 장소를 나타낸다.

    La fiesta es en el club *Los Machos*.

    파티는 로스 마초스 클럽에서 열린다.

2. Estar 동사

(1) 주어가 위치하는 장소를 나타낸다.

    Los muchachos están en el restaurante. 그 아이들은 식당에 있다.

    El banco está cerca de la plaza. 그 은행은 광장 근처에 있다.

(2) 주어의 일시적인 상태를 나타낸다.

    Andrés está contento. 안드레스는 기분이 좋다.

    Sandra está muy cansada. 산드라는 아주 피곤하다.

연습 다음 빈칸에 ser 동사나 estar 동사를 넣어 문장을 완성하시오.

1. Ella _________ la mamá de María.

2. El cine *Gloria* _________ en la calle Hamburgo.

3. El pollo _________ delicioso.

4. Matilde _________ de Chile, pero ahora _________ en Corea.

5. La cerveza _________ fría.

6. La puerta _________ de metal.

7. Hoy _________ domingo. Mañana _________ lunes.

8. La fiesta _________ en la casa de Juan.

9. Ellos _________ enfermos.

10. La orquesta _________ buena.

◆ 출신지 묻고 답하기

> -¿De dónde eres?
> -¿De dónde es Ud.?
> -Soy de + 지역명

-¿De dónde eres?
-Soy de Corea.

-¿De dónde es Ud.?
-Soy de España.

연습 다음 괄호 안에 나오는 출신 도시를 먼저 쓰고, 국명에 해당하는 국적을 쓰시오.

보기) -¿De dónde es el señor Hiroto?(Tokio, Japón)

-Es _de Tokio_. Es _japonés_.

1. -¿De dónde es el futbolista Messi?(Rosario, Argentina)

   -Es __________. Es __________.

2. -¿De dónde es el cantante Luis Miguel?(la ciudad de México, México)

   -Es __________. Es __________.

3. -¿De dónde es el poeta Pablo Neruda?(Santiago, Chile)

   -Es __________. Es __________.

4. -¿De dónde es la señorita Wang?(Pekín, China)

   -Es __________. Es __________.

5. -¿De dónde es el arquitecto Antoni Gaudí?(Barcelona, España)

   -Es __________. Es __________.

6. -¿De dónde es el cantante Pablo Milanés?(la Habana, Cuba)

   -Es __________. Es __________.

스페인어권 국가의 스포츠

스페인어권 국가 하면 떠오르는 스포츠는 역시 축구(fútbol)이다. 축구는 거의 모든 국가의 국기(deporte nacional)와 같은 종목이고 그 열기는 우리가 신문이나 방송에서 익히 들어 아는 바이다. 축구 이외에도 멕시코, 쿠바, 도미니카, 베네수엘라 등에서는 야구(béisbol)가 국민들의 사랑을 받고 있는 스포츠이고 미국 메이저리그(la Liga Mayor)에서 활약하고 있는 유명한 선수들을 많이 배출해냈다.

그 밖에도 농구(básquetbol, baloncesto), 배구(voleibol), 테니스(tenis), 수영(natación), 스키(esquí) 등이 인기 있는 스포츠이다.

또한 스페인, 멕시코, 콜롬비아 등지에서는 투우(corrida de toros)가 성행한다. 모든 신문이나 방송이 그날의 경기를 보도하는 섹션이나 프로그램을 두고 있을 정도로 인기가 있는 투우는 애호가들에게는 스포츠가 아니라 인간이 죽음과의 대결을 벌이는 축제의 장(fiesta brava)이다.

LECCIÓN 04

01 동사의 변화형

   스페인어 동사는 법, 시제, 인칭, 수에 따라 그 형태가 변화한다. 이 때 변화하지 않고 남아있는 부분을 어간(예: habl-)이라 하고, 변화하는 부분을 어미(예: -ar)라고 한다. 사전에 나오는 동사는 어미가 변화되기 이전의 형태인 동사원형이다. 따라서 동사를 사용할 때는 동사원형을 변화시켜 사용해야 한다.

   스페인어 동사는 원형의 어미에 따라 동사의 변화형이 달라지는데 모든 동사는 -ar, -er, -ir 중 하나의 어미로 끝난다.

> 제1 변화 동사(-ar)　: hablar 말하다
> 제2 변화 동사(-er)　: comer 먹다
> 제3 변화 동사(-ir)　: vivir 살다

02 제1 변화 동사 직설법 현재

hablar 말하다					
단수			복수		
인칭 대명사	어간	어미	인칭 대명사	어간	어미
yo	habl-	o	nosotros(as)	habl-	amos
tú	habl-	as	vosotros(as)	habl-	áis
Ud.	habl-	a	Uds.	habl-	an
él	habl-	a	ellos	habl-	an
ella	habl-	a	ellas	habl-	an

※ Ud.과 Uds.는 의미상으로는 2인칭이나 문법적으로 3인칭으로 취급하기 때문에 Ud.은 él, ella, Uds.는 ellos, ellas와 같은 동사 변화형을 갖는다.

다음의 동사들은 hablar 동사와 같이 변화하는 제1 변화 규칙동사이다.

▶ trabajar: 일하다

Trabajo en un hospital.

나는 병원에서 일한다.

▶ enseñar: 가르치다

Marta enseña español en una universidad.

마르따는 대학에서 스페인어를 가르친다.

▶ comprar : 사다

Él compra libros en una librería.

그는 서점에서 책을 산다.

▶ estudiar : 공부하다

Mario estudia mucho todos los días.

마리오는 매일 열심히 공부한다.

▶ llegar : 도착하다

Isabel y Juan siempre llegan tarde a la clase.

이사벨과 환은 항상 수업에 지각한다.

▶ descanar : 쉬다

Carlos descansa en casa.

까를로스는 집에서 쉬고 있다.

▶ escuchar : 듣다

Los alumnos escuchan el diálogo en la clase.

학생들은 수업 시간에 대화를 듣는다.

▶ desear : 원하다

Pedro desea tomar una cerveza.

뻬드로는 맥주를 마시고 싶어 한다.

※ desear + 동사원형 : …하기를 원하다

▶ necesitar : 필요하다

Nosotros necesitamos computadoras.

우리는 컴퓨터가 필요하다.

▶ caminar : 걷다

María camina mucho. 마리아는 많이 걷는다.

▶ cantar : 노래하다

La profesora canta bien.

그 선생님은 노래를 잘 하신다.

연습 다음 단어를 사용하여 보기와 같이 문장을 만드시오.

보기) yo / estudiar / historia → Estudio historia.

1. Isabel / cantar /muy bien　　　　　→

2. La profesora Díaz / enseñar inglés →

3. Los estudiantes / estudiar mucho　→

4. Uds. / hablar español / en la clase →

5. Nosotros /sacar buenas notas　　　→

6. Ella / caminar / por la calle　　　→

7. Yo / entrar / en el salón de clase / tarde →

8. Él / necesitar una computadora　　→

연습 다음 빈칸에 적당한 동사를 보기에서 골라 문장을 완성하시오.

보기) | hablar, estudiar, desear, regresar, trabajar, necesitar

1. -¿Qué __________ Uds.?

   - __________ español.

2. -¿Tú __________ en un hospital?

   -No, __________ en un restaurante.

3. -¿Con quién __________ hablar Ud.?

   - __________ hablar con el profesor Ceballos.

4. -¿Qué __________ (tú)?

   - __________ un bolígrafo.

5. -¿Qué idioma __________ ellas?

   -María __________ español y Carmen __________ inglés.

6. -¿Cuándo __________ Uds.?

   -Yo __________ el lunes y Jorge __________ el miércoles.

03 주격 인칭 대명사의 생략

스페인어는 일반적으로 '주어 + 동사 + 목적어 + (부사어)'어순을 가지나 동사가 인칭에 따라 변화하기 때문에 주격 인칭 대명사를 생략하는 것이 보통이다. 그래서 우리말 '나는 스페인어를 한다'는 스페인어로 Hablo español이라고 하면 된다. 굳이 주어인 yo를 쓸 필요가 없다. 그러나 다음의 경우에는 주격 인칭 대명사가 사용된다.

1. 주어를 강조하거나 대조시킬 때

   Yo canto y ella baila. 나는 노래하고 그녀는 춤춘다.

2. 3인칭의 경우 동사 변화형 어미가 동일하기 때문에 인칭 대명사를 사용하여 구분한다.

Él habla coreano y ella habla japonés.

그는 한국어를 하고 그녀는 일본어를 한다.

3. Ud.과 Uds.는 생략하지 않는 것이 일반적이다.

- ¿Cómo está Ud.? 어떻게 지내십니까?

- Estoy bien, gracias. 잘 지냅니다.

04 의문문 만들기

스페인어는 질문에 긍정이나 부정으로 대답할 것을 요구하는 일반 의문문과 정보를 구하는 의문사가 있는 의문문으로 나눌 수 있다. 모든 의문문에는 다른 언어와는 달리 거꾸로 된 물음표(¿)가 문장 앞에 나온다.

1. 일반 의문문에서는 주어가 문장 맨 앞, 동사 뒤 혹은 문장 맨 뒤에 위치할 수 있다. 항상 맨 끝의 억양은 올려야 한다.

¿Elena habla español?↗　엘레나는 스페인어를 합니까?

¿Habla Elena español?↗

¿Habla español Elena?↗

2. 스페인어의 부가 의문문은 평서문에 ¿no?나 ¿verdad?을 붙여 만든다.

Elena habla español, ¿verdad? 엘레나는 스페인어를 하죠?

3. 의문문에 응답하는 긍정의 대답은 sí이고, 부정의 대답은 no이다. 후자의 경우에는 no가 두 번 나오는데, 문장을 시작할 때와 동사 앞에 위치한다.

- ¿Hablas español? 스페인어를 하니?

- Sí, hablo español. 그래, 스페인어를 해.

- No, no hablo español. 아니, 스페인어를 못 해.

4. 의문사가 있는 의문문은 의문사가 문장 맨 앞에 위치하며 동사가 먼저 나오고 다음에 주어가 나온다.

¿Dónde trabajas?(장소)

너는 어디서 일하니?

¿Cuándo estudia Ricardo?(시간)

리까르도는 언제 공부합니까?

¿Qué necesita Ud.?(사물)

당신은 무엇이 필요합니까?

¿Quién habla con el profesor?(사람)

누가 선생님하고 얘기하고 있습니까?

¿Cómo llegan los alumnos a la escuela?(방법)

학생들은 어떻게 학교에 옵니까?

05 부정문 만들기

스페인어의 부정문은 동사 앞에 no를 붙여 만든다.

Pedro trabaja en el hospital. 뻬드로는 병원에서 일한다.

Pedro **no** trabaja en el hospital. 뻬드로는 병원에서 일하지 않는다.

Nosotros cantamos bien. 우리는 노래를 잘합니다.

Nosotros **no** cantamos bien. 우리는 노래를 잘하지 못합니다.

연습 다음에 주어진 단어를 이용하여 의문문을 만드시오.

1. estudiar / tú / en la tarde   →

2. dinero / necesitar / Ud.   →

3. tú / desear / hablar / con el profesor →

4. la profesora /estar / en casa   →

5. tomar / Uds. / café   →

 다음 빈칸에 적당한 말을 넣어 대화를 완성하시오.

1. –¿＿＿＿＿＿ estudian Uds.?

   – ＿＿＿＿＿＿ español.

2. –¿＿＿＿＿＿ estudias?

   – ＿＿＿＿＿＿ por la noche.

3. –¿＿＿＿＿＿ trabaja Carlos Ruiz?

   – ＿＿＿＿＿＿ en un hospital.

4. –¿＿＿＿＿＿ estás?

   – ＿＿＿＿＿＿ bien, gracias.

5. –¿＿＿＿＿＿ es el profesor de computación?

   – ＿＿＿＿＿＿ el profesor Anaya.

 다음 문장을 부정문으로 만드시오.

1. Ana trabaja esta noche.
2. Carmen y Pablo estudian en la biblioteca.
3. Carmen habla con Raquel.
4. Ana necesita dinero.
5. Carmen y María desean tomar helado.

06 제 2변화 동사 직설법 현재

comer 먹다			
yo	como	nosotros(as)	comemos
tú	comes	vosotros(as)	coméis
Ud.	come	Uds.	comen
él		ellos	
ella		ellas	

다음 동사들은 제 2변화 규칙 변화형을 갖는다.

aprender 배우다   beber 마시다

comer 먹다   deber(+ 동사원형) …해야 한다

leer 읽다   vender 팔다

- ¿Aprendes inglés en la mañana o en la tarde?
  영어를 오전에 배우니 아니면 오후에 배우니?
- Aprendo inglés en la tarde. 오후에 배워.

- ¿Qué beben Uds.? 여러분들은 무엇을 마시고 있습니까?
- Nosotros bebemos jugo y Ana bebe cerveza.
  우리는 주스를 마시고 아나는 맥주를 마십니다.

- ¿Dónde comen Uds.? 당신들은 어디서 식사를 합니까?
- Yo como en la cafetería y Pedro come en casa.
  저는 식당에서 하고 뻬드로는 집에서 합니다.

- ¿Qué periódico leen Uds.? 여러분은 어떤 신문을 읽습니까?
- Leemos *El País*. El País를 읽습니다.

연습 다음 빈칸에 적당한 동사 변화형을 쓰시오.

1. -¿Aprendes mucho en la clase de español?

   -Sí, _________ mucho.

2. -¿Debes estudiar hoy?

   -No, no _________ estudiar.

3. -En la clase, ¿leen Uds. en español?

   -Sí, _________ en español.

4. -¿Qué comen tú y Ana?

   - _________ pan.

5. -¿Venden ellos libros o periódicos?

   - _________ libros.

07 제3변화 동사 직설법 현재

vivir 살다			
yo	vivo	nosotros(as)	vivimos
tú	vives	vosotros(as)	vivís
Ud.		Uds.	
él	vive	ellos	viven
ella		ellas	

다음 동사들은 제 3변화 규칙 변화형을 갖는다.

abrir 열다   escribir 쓰다

recibir 받다   vivir 살다

- ¿Dónde vives tú? 너는 어디 사니?
- Vivo en la calle Montalvo. 몬딸보 가에 살아.

- ¿Tú escribes con lápiz o con bolígrafo?
  너는 연필로 쓰니 아니면 볼펜으로 쓰니?
- Escribo con bolígrafo. 볼펜으로 써.

연습 다음 빈칸에 적당한 동사 변화형을 쓰시오.

1. -¿Uds. escriben en coreano?

   -No, _________ en español.

2. -¿Dónde viven Uds.?

   - _________ en la calle Magnolia.

3. -¿Recibes mucho dinero?

   -No, _________ poco dinero.

08 Está, están / hay

우리말의 '…이(가) …있다.'라는 표현은 스페인어로 두 개의 동사로 표현된다. 각기 용법이 다르므로 혼동하지 않도록 주의해야 한다.

1. 존재가 확인된 사물의 위치를 말할 때 : estar

> 정관사 + 명사 + está/n …
>
> 고유명사   + está/n …

El teléfono está allí, al lado de la televisión.
전화는 저기 텔레비전 옆에 있다.

Julia está en la clase. 훌리아는 강의실에 있다.

La oficina de correos está allí. 우체국은 저기에 있다.

¿Está Juan en casa? 후안은 집에 있습니까?

2. 존재 여부를 확인할 때: hay

Hay + 부정관사 + 명사 …

명사 복수형 …

Al lado de mi casa, hay un supermercado nuevo.

우리 집 옆에 새로 생긴 슈퍼가 하나 있다.

Hay cervezas en la nevera. 냉장고에 맥주가 있습니다.

No hay sillas en el salón de clase. 교실에는 의자가 없습니다.

¿Dónde hay un cajero automático por aquí?

이 근처에 현금출납기가 어디에 있습니까?

연습 다음 빈칸에 hay, está, están 중에서 적당한 것을 골라 쓰시오.

1. ¿Dónde _________ un teléfono por aquí?

2. La revista _________ debajo de la mesa.

3. Allí _________ las cortinas.

4. ¿_________ alumnos en la clase?

5. ¿Dónde _________ las entradas del museo?

6. ¿Dónde _________ una toalla?

7. María _________ en el baño.

8. _________ una llave sobre el sofá.

9. ¿Dónde _________ el ayuntamiento?

10. ¿Dónde _________ un estacionamiento por aquí cerca?

의사소통 활동

◆ 구체적인 장소의 위치 묻고 답하기

> -¿Dónde está(n) + 정관사 + 명사?
> -Está(n) en… …에 있다.
>> enfrente de … … 맞은편에 있다.
>> aquí(ahí, allí). 여기(거기, 저기)에 있다.
>> cerca(lejos) de… … 가까이(멀리) 있다.
>> encima(debajo) de… …위(아래)에 있다.
>> dentro de… …안에 있다.
>> al fondo de… … 끝에 있다.
>> al lado de… …옆에 있다.
>> a la derecha(izquierda) de… …의 오른쪽(왼쪽)에 있다.

-¿Dónde está la oficina de turismo? 관광안내소가 어디에 있습니까?
-Ahí enfrente, cruzando la calle. 길 건너 맞은편에 있습니다.

-¿Dónde está el cuarto de baño? 화장실이 어디에 있습니까?
-Está al fondo del pasillo. 복도 끝에 있습니다.

◆ 어떤 장소나 사물이 있는지를 묻고 답하기

> -¿Hay un(a) + 명사…?
> -Sí, hay uno(a)…

-¿Hay una farmacia cerca de aquí? 이 근처에 약국이 있습니까?
-Sí, hay una al lado del supermercado.
슈퍼마켓 옆에 하나가 있습니다.

 다음 괄호 안에 나오는 우리말에 해당하는 스페인어를 쓰시오.

1. -¿Dónde está el Museo de Arte?

   -Está __________ la Universidad Nacional.(…옆에)

2. -¿Hay un banco por aquí?

   -Sí, hay uno __________ la calle Mayor.(…에)

3. -¿Dónde está el taller de coches de Paco?

   -Está __________ la panadería. (…의 오른쪽에)

4. -¿Dónde está el museo Frida Kahlo?

   -Está __________ la Biblioteca Nacional.(…가까이에)

5. -¿Dónde está el teléfono móvil?

   -Está __________ la mesa.(…위에)

6. -¿Hay una casa de cambio por aquí?

   -Sí, hay una __________ la oficina de correos.(…의 맞은편에)

편견(prejuicio)을 버리자

우리는 부지불식간에 우리와 다른 문화를 가진 사람에 대해 편견을 갖는 경우가 많다. 특히, 스페인어권 국가에 대한 잘못된 인식이 많이 존재하는데, 이를 극복하고 서로 간의 원활한 의사소통이 이루어지기 위해서는 상대방의 문화를 제대로 이해하는 것이 필요하다.

우리가 흔히 스페인어권 사람들에 대해 가지고 있는 편견 중의 하나가 이 나라 사람들은 게으르고 열심히 일하지 않는다고 생각하는 것이다. 그러나 영화에서 많이 볼 수 있는 대낮에 술에 취해 나무 아래서 잠자고 있는 멕시코인이나 오후 내내 오수(siesta)를 즐기는 스페인 사람과 같은 이미지는 이제 더 이상 현실과 맞지 않는 모습이다.

여러 차례의 경제적 위기를 겪은 스페인어권 부모들은 가정을 꾸려가기 위해 장시간 그것도 뼈가 빠지도록 일을 해야만 한다. 또한 한 직장에서 나오는 봉급만으로는 너무 부족해 여러 가지 부업을 해야 한다.

예전에는 그들에게 일(trabajo)은 될 수 있으면 피하거나 뒤로 미루고 싶은 어떤 것이었다. 여기서 그 유명한 hasta mañana(내일 하자.)가 나온다. 그러나 이제는 일에 대한 자세가 많이 바뀌어 어떤 일을 내일로 미루는 것이 아니라, 내일까지 회사에 남아서라도 그 일을 끝내야겠다는 각오로 일을 한다.(Me quedo en la oficina hasta mañana.)

LECCIÓN 05

01

숫자 말하기

1. 기수(0-30)

0 cero	8 ocho	16 dieciséis
1 uno	9 nueve	17 diecisiete
2 dos	10 diez	18 dieciocho
3 tres	11 once	19 diecinueve
4 cuatro	12 doce	20 veinte
5 cinco	13 trece	21 veintiuno
6 seis	14 catorce	30 treinta
7 siete	15 quince	

⑴ 스페인어 기수는 명사 앞에 나온다.

dos casas   trece muchachas

두 채의 집   13명의 여자아이들

⑵ uno는 남성 명사 앞에서는 un으로 바뀌고 여성 명사 앞에서는 una가 된다. 따라서 21, 31, 41… 뒤에 남성 명사가 오면 각각 ventiún, treinta y un, cuarenta y un…이 된다. 그러나 여성 명사 앞에서는 veintiuna, treinta y una, cuarenta y una…가 된다.

un profesor   una profesora

한 명의 남자 교수님   한 명의 여자 교수님

veintiún profesores   veintiuna profesoras

21명의 교수님   21명의 여자 교수님

⑶ 16-29까지는 10자리와 1자리에 y를 넣은 분리형으로 쓸 수 있으나 일반적으로 축약형을 쓴다. 이 경우 음절 변화로 인한 엑센트의 위치에 주의해야 한다.

diez y seis → dieciséis   diez y nueve → diecinueve

2. 서수(1-10)

1° primero		6° sexto	
2° segundo		7° séptimo	
3° tercero		8° octavo	
4° cuarto		9° noveno	
5° quinto		10° décimo	

(1) 서수는 서열을 표시하며 명사 앞에 위치한다. 또한 수식하는 명사의 성·수에 따라 어미가 변한다.

el segundo chico   la segunda chica

los primeros días   las primeras semanas

(2) primero와 tercero는 남성 단수 명사 앞에서 -o가 탈락된다.

el primer día   el tercer año

연습 다음 수를 스페인어로 말하시오.

1. 21 coches → __________   6. 30 mujeres → __________
2. 8 hombres → __________   7. 29 mesas → __________
3. 17 libros → __________   8. 20 años → __________
4. 11 amigos → __________   9. 15 mapas → __________
5. 14 corbatas → __________   10. 25 muchachos → __________

연습 다음 기수에 해당하는 서수를 쓰시오.

1. dos → __________   5. seis → __________
2. uno → __________   6. nueve → __________
3. tres → __________   7. cinco → __________
4. ocho → __________   8. diez → __________

02

시간 말하기

물을 때	-¿Qué hora es?
답할 때	-Es la una. 1시입니다. -Es la una y veinte. 1시 20분입니다. -Son las dos. 2시입니다. -Son las dos y cuarto. 2시 15분입니다. -Son las tres y veinticinco. 3시 25분입니다. -Son las cinco y media. 5시 30분입니다. -Son las seis **menos** diez. 6시 10분전입니다. -Son diez **para las** seis. 6시 10분전입니다.

1. 1시를 말할 때는 es가 사용되고 2시 이후부터는 son이 사용된다.

Es la una. 1시입니다.

Son las cuatro. 4시입니다.

2. 시간 앞에는 정관사가 사용된다.

Es la una y media. 1시 반입니다.

Son las diez y cuarto. 10시 15분입니다.

3. 시간을 먼저 말하고 다음에 분을 말한다.

Son las once menos veinte. 11시 20분 전입니다.

4. 몇 시 몇 분을 말할 때는 시간과 분 사이에 y가 온다.

Es la una y veinticinco. 1시 25분입니다.

5. 몇 시 몇 분전을 말할 때는 시간과 분 사이에 menos가 온다. 혹은 '분 para las + 시간'이라는 표현이 사용되기도 한다.

Son las ocho menos cinco. 8시 5분 전입니다.

Son cinco para las ocho. 8시 5분 전입니다.

6. 시간상의 오전, 오후, 저녁의 구분은 각각 'de la mañana', 'de la tarde', 'de la noche'가 사용된다.

Son las ocho de la mañana. 오전 8시입니다.

Son las cinco de la tarde. 오후 5시입니다.

Son las diez de la noche. 저녁 10시입니다.

7. '오전에', '오후에', '저녁에'라는 표현은 각각 'en(por) la mañana', 'en(por) la tarde', 'en(por) la noche'이다.

Juan trabaja en(por) la mañana. 환은 오전에 일한다.

Ana estudia en(por) la tarde. 아나는 오후에 공부합니다.

Nosotros aprendemos inglés en(por) la noche.

우리는 저녁에 영어를 배웁니다.

8. '몇 시에'는 'a + la(s) + 시간'으로 나타낸다.

–¿ A qué hora desayunas? 아침은 몇 시에 먹니?

–Desayuno a las siete y media. 7시 반에 먹어.

–¿A qué hora es la clase de español? 스페인어 수업은 몇 시니?

–Es a las diez de la mañana. 오전 10시야.

연습 다음 시각을 스페인어로 말하시오.

1. 2:25 → __________

2. 8:30 → __________

3. 10:35 → __________

4. 5:30 → __________

5. 9:17 → __________

6. 4:14 → __________

7. 7:45 → __________

8. 12:13 → __________

9. 11:01 → __________

10. 3:58 → __________

 다음에 나오는 단어를 이용하여 보기처럼 문장을 만드시오.

보기) cena / ser / 9:30 → La cena es a las nueve y media.

1. autobús / llegar / 2:15 → ___________________________________
2. clase de español / ser / 9:30 → ___________________________________
3. fiesta / ser / 8:20 → ___________________________________
4. secretaria /comer / 2:00 → ___________________________________
5. avión / salir / 5:00 → ___________________________________

03 불규칙 동사 ir, dar의 직설법 현재

Ir, dar 동사는 불규칙 변화를 하는 동사이다.

ir 가다	
yo	voy
tú	vas
Ud. él, ella	va
nosotros(as)	vamos
vosotros(as)	vais
Uds., ellos, ellas	van

dar 주다	
yo	doy
tú	das
Ud. él, ella	da
nosotros(as)	damos
vosotros(as)	dais
Uds., ellos, ellas	dan

-¿A dónde vas? 어디에 가니?

-Voy a la biblioteca a estudiar.
　공부하러 도서관에 가.

-Leonardo da una conferencia hoy. ¿Tú vas?
　레오나르도가 오늘 강연을 하는데, 너 가니?

-No, no voy porque estoy muy ocupado.
　아니, 너무 바빠서 못가.

연습 다음 빈칸에 ir나 dar 동사의 변화형을 쓰시오.

1. Pedro y yo _________ una conferencia esta noche.

2. ¿Adónde _________ Uds. mañana?

3. ¿El profesor _________ el horario de los exámenes hoy?

4. Yo no _________ mi número de teléfono.

5. Susana _________ a la piscina con Roberto.

04 축약형

스페인어에는 두 종류의 축약형이 있다.

1. de + el → del

-¿La maleta es de la señora López?

가방은 로뻬스 부인 것입니까?

-No, es del señor Mendoza.

아닙니다. 멘도사씨 것입니다.

2. a + el → al

-¿Adónde van Uds.?

어디에 가니?

-Yo voy al cine y ella va al *Club Latino*.

난 극장에 가고 그녀는 라틴클럽에 가.

불규칙 동사 tener, venir의 직설법 현재

tener 가지다	
yo	tengo
tú	tienes
Ud. él, ella	tiene
nosotros(as)	tenemos
vosotros(as)	tenéis
Uds., ellos, ellas	tienen

venir 오다	
yo	vengo
tú	vienes
Ud. él, ella	viene
nosotros(as)	venimos
vosotros(as)	venís
Uds., ellos, ellas	vienen

-¿Cuántos hermanos tienes? 너는 형제가 몇이니?

-Tengo dos. 두 명이야.

-¿De dónde vienes? 어디서 오는 길이니?

-Vengo de la escuela. ¿Y tú? 학교에서 와. 그런데 너는?

-Yo vengo del cine. 나는 극장에서 오는 길이야.

연습 다음 빈칸에 tener나 venir의 적당한 변화형을 쓰시오.

1. -¿A qué hora __________ Uds. a la universidad?

   -Antonio y yo __________ a las diez, y Susana __________ a la una.

2. -¿Cuántas clases __________ Uds.?

   - __________ dos. ¿Cuántas __________ tú?

   -Yo __________ cuatro.

연습 다음 빈칸에 적당한 말을 아래의 보기에서 골라 쓰시오.

보기) | al, a la, a los, a las, del, de la, de los, de las |

1. –¿De quién son los discos?

   –Son __________ profesor.

2. –¿Adónde van Uds.?

   –Vamos __________ parque. ¿Y tú?

   –Yo voy __________ playa.

3. –¿De dónde vienen Uds.?

   –Venimos __________ clase de español. ¿Y tú?

   –Yo vengo __________ gimnasio.

4. –¿Los sándwiches son __________ muchachos?

   –No, son __________ muchachas.

5. –¿Vas __________ centro de idiomas?

   –No, voy __________ cafetería.

06 기수(31-1000)

31 treinta y uno	80 ochenta	500 quinientos
40 cuarenta	81 ochenta y uno	600 seiscientos
41 cuarenta y uno	90 noventa	700 setecientos
50 cincuenta	91 noventa y uno	800 ochocientos
51 cincuenta y uno	100 cien	900 novecientos
60 sesenta	101 ciento uno	1000 mil
61 sesenta y uno	200 doscientos	
70 setenta	300 trescientos	
71 setenta y uno	400 cuatrocientos	

1. 31-99까지는 10자리와 1자리에 y가 들어가는 분리형이 사용된다.

treinta y seis 36   setenta y ocho 78

cuarenta y cinco 45   noventa y nueve 99

2. 100은 cien이나 101부터 199까지는 ciento가 사용된다.

ciento diez 110   ciento noventa y nueve 199

3. 200-999까지는 복수형이 사용되고 뒤에 여성 명사가 오면 여성형이 사용된다.

trescientos alumnos   trescientas alumnas

300명의 남학생들   300명의 여학생들

4. 1000은 mil이며 2000, 3000…은 각각 dos mil, tres mil…이라 한다.

연습 다음 숫자를 스페인어로 말하시오.

1. el año 2004   → __________

2. 515 coches   → __________

3. 239 chicas   → __________

4. 950 pesos   → __________

5. 196 manzanas   → __________

6. 640 computadoras   → __________

7. 980 dólares   → __________

8. 402 copias   → __________

07 요일 말하기

ENERO						
lunes	martes	miércoles	jueves	viernes	sábado	domingo
1	2	3	4	5	6	7
8	9	10	11	12	13	14
15	16	17	18	19	20	21
22	23	24	25	26	27	28
29	30	31				

※스페인어의 요일명은 소문자로 적는다.

1. 요일 묻고 답하기

-¿Qué día es hoy? 오늘은 무슨 요일입니까?

-Hoy es lunes. 오늘은 월요일입니다.

2. 요일이 ser 동사의 보어로 쓰이면 정관사가 오지 않는다.

-¿Hoy es sábado? 오늘이 토요일입니까?

-No, hoy es domingo. 아니오, 오늘은 일요일입니다.

3. 요일 앞에 정관사를 붙이면 '…요일에'라는 부사어가 된다. 스페인어에서는 영어처럼 전치사가 사용되지 않는다. 매주 같은 일이 반복되는 경우에는 복수형이 사용된다.

-¿Cuándo llegan los profesores? 선생님들은 언제 옵니까?

-Llegan el jueves. 목요일에 옵니다.

-¿Qué días vas al gimnasio? 체육관에는 언제 가니?

-Voy al gimnasio los lunes, miércoles y viernes.
월요일, 수요일, 금요일에 가.

08 날짜 말하기

물을 때	답할 때
-¿Qué fecha es hoy?	-Hoy es 일 + de + 월 + de + 년
-¿A qué(cuántos) estamos hoy?	-Estamos a 일

-¿Qué fecha es hoy? 오늘이 며칠입니까?
-Hoy es 15(quince) de febrero de 2004.
　오늘은 2004년 2월 15일입니다.

-¿A qué(cuántos) estamos hoy? 오늘이 며칠입니까?
-Estamos a 15(quince). 오늘은 15일입니다.

1. 날짜를 말할 때 1일은 서수인 primero 혹은 기수인 uno가 사용되고, 2
일부터는 기수(dos, tres, cuatro…)가 쓰인다.
-¿Qué fecha es hoy? 오늘이 며칠입니까?
-Hoy es primero(uno) de diciembre. 12월 1일입니다.

-¿A qué(cuántos) estamos hoy? 오늘이 며칠입니까?
-Estamos a quince. 오늘은 15일입니다.

2. 날짜 앞에 정관사를 붙이면 '…일에'라는 부사어가 된다.
-¿Cuándo llega aquí el cantante? 그 가수는 여기에 언제 옵니까?
-Llega el cinco de febrero. 2월 5일에 옵니다.

3. 계절

la primavera 봄	el otoño 가을
el verano 여름	el invierno 겨울

4. 월

1월	enero	7월	julio
2월	febrero	8월	agosto
3월	marzo	9월	septiembre
4월	abril	10월	octubre
5월	mayo	11월	noviembre
6월	junio	12월	diciembre

※ 스페인어의 월명은 소문자로 적는다.

연습 다음 물음에 보기와 같이 답하시오.

- ¿Qué día es hoy?

1. martes   − Hoy es martes.
2. lunes   − ______________.
3. domingo   − ______________.
4. miércoles   − ______________.
5. sábado   − ______________.
6. jueves   − ______________.

연습 다음 물음에 보기와 같이 답하시오.

-¿Qué fecha es hoy?

1. 14-2-2000   − Hoy es 14 de febrero de dos mil.
2. 10-1-2011   − ______________________.
3. 1-4-2022   − ______________________.
4. 5-8-1998   − ______________________.
5. 25-6-1950   − ______________________.
6. 15-8-1945   − ______________________.

 다음 물음에 답하시오.

1. ¿Cuántos meses hay en un año?

   ____

2. ¿Cuántas estaciones hay en un año?

   ____

3. ¿Qué mes tiene 28 días?

   ____

4. ¿Cuántos días hay en el mes de diciembre?

   ____

5. ¿Cuántos meses hay en una estación?

   ____

6. ¿Qué meses tienen 30 días?

   ____

7. Los meses de la primavera son __________, __________, __________.

8. Los meses del verano son __________, __________, __________.

9. Los meses del otoño son __________, __________, __________.

10. Los meses del invierno son __________, __________, __________.

의사소통 활동

◆ 사람묘사

-¿Cómo es …?

-Es moreno(a), rubio(a) 혼혈, 백인

　　alto(a), bajo(a) 키가 큰, 작은

　　gordo(a), delgado(a) 뚱뚱한, 마른

　　simpático(a), antipático(a) 친절한, 무뚝뚝한

　　guapo(a), feo(a) 잘 생긴, 못 생긴

　　joven, de edad 젊은, 나이가 많은

-Tiene ojos azules(negros) 눈이 파란(검은)

　　pelo corto(largo) 머리가 짧은(긴)

　　pelo rubio(negro) 금발의(검은 머리의)

　　bigote, barba 콧수염이 있는, 턱수염이 있는

-¿Cómo es tu novio? 네 애인 어떻게 생겼니?

-Es alto y delgado. 키가 크고 말랐어.

-¿Es guapo? 잘 생겼니?

-Sí, muy guapo, y es muy simpático.

　그래, 아주 잘 생겼어. 그리고 아주 상냥해.

-¿Qué hace? 뭐하는 사람이니?

-Es estudiante. 학생이야.

-¿Cuántos años tiene? 나이는 몇 살이니?

-Tiene veinte años. 20살이야.

 두 명씩 짝을 지어 서로 다음 사항을 묻고 대답하시오.

1. -¿Cómo se llama tu mejor amigo(a)?

   -Se llama __________.

2. -¿Es alto(a) o bajo(a)?

   -Es __________.

3. ¿De qué color tiene el pelo?

   -Tiene el pelo __________.

4. -¿Cómo es? ¿Es simpático(a)?, ¿Es guapo(a)?

   -Es __________.

5. -¿Cuántos años tiene?

   -Tiene __________.

문화상식

스페인어 친족의 명칭

　스페인어에서 친족의 명칭은 상당히 단순한 편이다. '형·오빠·남동생'을 가리지 않고 'hermano'(형 'hermano mayor'·아우 'hermano menor'를 가리는 것은 극히 예외적인 경우이다), '누나·언니·여동생'은 'hermana'이다. 마찬가지로, 큰아버지·삼촌·숙부·숙모·이모부·고모부·아저씨는 'tío', 큰어머니·숙모·이모·고모·아주머니는 'tía'이다. 또, 시아버지·장인은 'suegro', 시어머니·장모는 'suegra', 매형·처남·시숙·시동생은 'cuñado', 처형·처제·형수·제수는 'cuñada'라고 한다. 사촌은 'primo·prima', 조카는 'sobrino·sobrina'이다. 굳이 구별을 해야 할 필요가 있으면 설명을 달면 된다. 즉, 할아버지(abuelo)가 모계 쪽임을 밝히고 싶으면 'padre de mamá'(엄마의 아버지)라고 하여 외할아버지임을 나타내는 것이다.

LECCIÓN 06

소유 형용사(전치형)

전치형 소유 형용사			
단수		복수	
mi	나의	mis	나의
tu	너의	tus	너의
su	당신(들)의 그(들)의 그녀(들)의	sus	당신(들)의 그(들)의 그녀(들)의
nuestro(a)	우리들의	nuestros(as)	우리들의
vuestro(a)	너희들의	vuestros(as)	너희들의

-¿Tu profesora es de España? 너의 선생님은 스페인에서 오셨니?

-No, es de México. 아니, 멕시코에서 오셨어.

1. 전치형 소유 형용사는 항상 명사 앞에 위치하고 수식하는 명사의 성·수에 일치한다.

Necesito tu libro.　　　　　　Necesito tus libros.

Necesito tu pluma.　　　　　　Necesito tus plumas.

Necesitamos nuestro coche.　　Necesitamos nuestros coches.

Necesitamos nuestra casa.　　 Necesitamos nuestras casas.

2. 소유 형용사는 소유물의 성·수에 일치하나, 소유자의 성·수와는 무관하다. 예를 들어 우리말로 '우리 선생님' 할 때는 한 명의 선생님을 가리키기 때문에 nuestro profesor라 하고, '우리 선생님들'인 경우에는 선생님이 복수이므로 nuestros profesores가 된다.

3. Su(s)는 '당신의', '그의', '그녀의', '당신들의', '그들의', '그녀들의'와 같이 여러 가지 의미를 가질 수 있으므로 이를 명확하게 하기 위해 '정관사 + 명사 + de + 인칭 대명사(Ud., él, ella, Uds., ellos, ellas)'의 형태로 대치할 수 있다.

　　-¿Estudias con mi libro? 내 책으로 공부하니?

　　-No. Estudio con el libro de ella. 아니, 그녀의 책으로 해.

연습 다음 괄호 안에 나오는 우리말에 해당하는 스페인어를 사용하여 문장을 완성하시오.

1. Ana está casada. _________ marido trabaja en un banco. (그녀의)

2. Ellos viven aún con _________ padres.(그들의)

3. Hola, Sr. López. ¿Qué tal están _________ hijos?(당신의)

4. Tengo tres primos y viven con _________ padres.(나의)

5. Hola, chicos. ¿Qué tal?, ¿cómo están _________ padres?(너희들의)

6. ¿Es bonita _________ hermana?(너의)

7. María, ¿dónde están _________ guantes?(나의)

8. _________ problema principal es el dinero, ganamos poco.(우리의)

9. Juan es médico y _________ mujer, también.(그의)

10. -¿Es la casa de _________?(그의)

　　-No, es la casa de _________.(그녀의)

02 어간변화 동사(e→ie)

　스페인어 동사 중에는 어미만 변화하는 것이 아니라 어간까지도 변화하는 동사들이 있다. 먼저 어간의 e가 ie로 변화하는 동사를 보면 다음과 같다.

querer 원하다	
yo	quiero
tú	quieres
Ud. él, ella	quiere
nosotros(as)	queremos
vosotros(as)	queréis
Uds., ellos, ellas	quieren

다음 동사들은 어간의 e가 ie로 변하는 동사들이다.

cerrar 닫다	pensar 생각하다
comenzar 시작하다	perder 잃다
empezar 시작하다	querer 원하다
entender 이해하다	preferir 더 원하다

-¿Qué quieres hacer este invierno? 이번 겨울에 무엇을 하고 싶니?

-Quiero esquiar. 스키를 타고 싶어.

※ querer + 동사원형 …하고 싶다

-¿A qué hora empieza la clase? 수업은 몇 시에 시작하니?

-Empieza a las nueve y media. 9시 반에 시작해.

-¿A qué hora piensas ir a la fiesta? 파티에는 몇 시에 갈 생각이니?

-Pienso ir a las nueve. 9시에 갈 생각이야.

※ pensar + 동사원형 …할 생각(예정)이다.

-¿Qué prefieres hacer? 무엇을 하기를 원하니?

-Prefiero descansar ahora. 지금은 쉬고 싶어.

연습 다음 괄호 안에 나오는 동사의 직설법 현재형을 쓰시오.

1. Mis amigos y yo no __________ la gramática.(entender)

2. José __________ pasear por el parque pero yo __________ dormir todo el día.(querer, preferir)

3. Los extranjeros ________ que todos los coreanos son trabajadores. (pensar)

4. En España, muchas tiendas __________ en la tarde, entre la una y las cuatro.(cerrar)

5. ¿Cuándo __________ las vacaciones?(comenzar)

03 Ir + a + 동사원형

스페인어에서 'ir + a + 동사원형'은 미래에 일어날 일을 나타낸다.

ir	a	동사원형
Voy	a	trabajar.
Vas	a	cantar.
Va	a	estudiar.
Vamos	a	pasear.
Vais	a	bailar.
Van	a	comer.

-¿Qué vas a hacer el domingo? 일요일에 무엇을 할 거니?

-Voy a jugar al fútbol con mis amigos. 친구들이랑 축구를 할 거야.

-¿Vas a estar en casa esta tarde? 오늘 오후에 집에 있을 거니?

-No, voy a ir de compras. 아니, 쇼핑하러 갈 거야.

보기) Manuel / trabajar / manaña

→ Manuel va a trabajar mañana.

1. El niño /ver un partido / en la televisión mañana.

→ _______________________________________.

2. La abuela / cenar / en un restaurante mexicano / esta noche.

→ _______________________________________.

3. Carmen y María / bailar / a la discoteca / esta noche.

→ _______________________________________.

4. Carlos / jugar al tenis / mañana.

→ _______________________________.

5. Mis padres / pintar la casa / esta tarde.

→ _______________________________.

연습 다음 질문에 보기처럼 'ir + a + 동사원형'을 사용하여 대답해 보시오.

보기) –¿Qué vas a hacer mañana?

→ Mañana voy a salir con mi novia.

1. –¿Qué vas a hacer este fin de semana?

→ _______________________________

2. –¿Qué vas a hacer el día 31 de diciembre?

→ _______________________________

3. –¿Qué vas a hacer hoy?

→ _______________________

4. –¿Qué vas a hacer este sábado?

→ _______________________

5. –¿Qué vas a hacer en agosto?

→ _______________________

04 지시 형용사와 지시 대명사

1. 지시 형용사

지시 형용사는 사람이나 사물을 지시하는 데 사용되는 말로 우리말의 '이', '그', '저'에 해당한다. 지시 형용사도 다른 형용사처럼 수식하는 명사의 성·수에 일치한다.

	남성		여성	
	단수	복수	단수	복수
이	este	estos	esta	estas
그	ese	esos	esa	esas
저	aquel	aquellos	aquella	aquellas

-¿Qué quieres? 무엇을 원하니?

-Quiero esta blusa, ese suéter y aquellos pantalones.
 이 블라우스 하고 그 스웨터 그리고 저 바지를 원합니다.

-¿Quién es esa chica? 그 여자는 누구니?

-Es mi hermana. 내 동생이야.

2. 지시 대명사

지시 대명사는 사람이나 사물을 대신하는 말로 우리말의 '이것', '그것', '저것'에 해당한다. 또한 대신하는 명사의 성·수에 일치하고 지시 형용사와 형태가 동일하다. 그러나 지시 형용사와는 달리 명칭이 확정되지 않은 사물을 가리키는 데 사용되는 중성 대명사가 있다.

	남성		여성		중성
	단수	복수	단수	복수	
이것(들)	este	estos	esta	estas	esto
그것(들)	ese	esos	esa	esas	eso
저것(들)	aquel	aquellos	aquella	aquellas	aquello

-¿Necesitas esta llave o aquella?
이 열쇠가 필요하니 아니면 저것이 필요하니?
-Necesito aquella. 저것이 필요해.

-¿Qué es esto? 이것은 무엇입니까?
-Es un audífono. 이어폰입니다.

 다음 빈칸에 괄호 안의 우리말에 해당하는 스페인어를 넣어 문장을 완성하시오.

1. _________ zapatos son muy viejos.(이)

2. _________ suéter es de mi mamá.(그)

3. _________ muchacha es Amanda, la hija de Ernesto.(그)

4. _________ es mi amigo Carlos.(이 사람)

5. No quiero esas maletas; quiero _________.(이것들)

6. Voy a comprar estos bolígrafos y _________.(저것들)

05 직접 목적 대명사

문장에서 타동사가 나타내는 동작의 대상을 직접 목적어라 하고 이를 대신하는 말을 직접 목적 대명사라 한다.

1. 스페인어의 직접 목적어는 동사 뒤에 위치하고 목적어가 구체적인 사람인 경우, 목적어 앞에 전치사 a가 사용된다. 그러나 사물인 경우는 전치사 a가 사용되지 않는다.

Ellos escuchan <u>la música</u>. 그들은 음악을 듣는다.

직접 목적어(사물)

El profesor llama a <u>los alumnos</u>. 선생님은 학생들을 부르신다.

직접 목적어(사람)

2. Tener 동사는 목적어가 사람인 경우에도 a가 사용되지 않는다.

Tengo <u>dos computadoras</u>. 나는 컴퓨터가 2대 있다.

직접 목적어(사물)

Tengo <u>tres hermanos</u>. 나는 형제가 3명이다.

직접 목적어(사람)

3. 스페인어로 말을 하거나 글을 쓸 때 한번 나온 목적어를 다시 언급할 때는 이를 반복하지 않고 목적 대명사를 사용한다. 직접 목적 대명사의 형태를 보면 다음과 같다.

	단수	복수
1인칭	me	nos
2인칭	te	os
3인칭	lo(남성)	los(남성)
	la(여성)	las(여성)

-¿Tienes la llave? 열쇠 가지고 있니?

-Sí, la tengo. 그래 가지고 있어.

-¿Necesitas mis libros? 내 책들이 필요하니?

-Sí, los necesito. 그래 필요해.

4. 직접 목적 대명사는 위에서 본 것처럼 일반적으로 동사 앞에 위치하
나 동사구(조동사 + 본동사)와 함께 오면 조동사 앞에 오거나 본동사
에 붙어서 나온다.

-¿Vas a comprar los audífonos? 그 이어폰을 살 거니?

-Sí, los voy a comprar. 그래, 살 거야.

-Sí, voy a comprarlos. 그래, 살 거야.

연습 다음 빈칸에 적당한 목적 대명사를 넣으시오.

1. -¿Tienes tu pasaporte?

   -Sí, _________ tengo.

2. -¿Quién invita a las chicas?

   - _________ invito yo.

3. -¿Quién compra las bebidas?

   -_________ compra Juan.

4. -¿Llevas tu cámara?

   -Sí, _________ llevo.

5. -¿Me quieres?

   -Sí, _________ quiero mucho.

06 1인칭 단수형이 불규칙인 동사

스페인어 동사 중 일부는 직설법 현재 변화형에서 1인칭 단수형만 불규칙으로 변화하고 나머지 인칭은 규칙 변화를 한다.

동사	1인칭 단수	규칙 변화형
salir(나가다)	salgo	sales, sale, salimos, salís, salen
hacer(만들다)	hago	haces, hace, hacemos, hacéis, hacen
poner(놓다)	pongo	pones, pone, ponemos, ponéis, ponen
traer(가져오다)	traigo	traes, trae, traemos, traéis, traen
conducir(운전하다)	conduzco	conduces, conduce, conducimos, conducís, conducen
conocer(알다)	conozco	conoces, conoce, conocemos, conocéis, conocen
ver(보다)	veo	ves, ve, vemos, veis, ven
saber(알다)	sé	sabes, sabe, sabemos, sabéis, saben

-¿A qué hora sales de tu casa? 너는 집에서 몇 시에 나가니?
-Salgo a las ocho. 8시에 나와.

-¿Qué haces los domingos? 일요일에는 무엇을 하니?
-Hago la tarea. 숙제를 해.

-¿Dónde pones tus libros? 책은 어디에 놓니?
-Los pongo en el escritorio. 책상 위에 놔.

-¿Traes fotos de tu novia? 네 여자친구 사진을 가져오니?
-Sí, sí las traigo. 그래, 가져와.

다음에 주어진 단어를 사용해서 주어를 yo로 하여 문장을 만드시오.

1. saber / hablar / español

   ____

2. ver / mis amigos/ todos los días

   ____

3. conducir / el coche / a la escuela

   ____

4. conocer / la familia de mi profesor

   ____

5. salir / de la clase/ a las once

   ____

6. poner / el pastel / en la mesa

   ____

7. traer / un coche nuevo

   ____

8. hacer / ejercicio / en la mañana

   ____

07 Saber / Conocer

스페인어에는 우리말의 '알다'에 해당하는 동사가 2개 있다. 이 두 동사는 다음과 같은 경우에 사용된다.

1. Saber

어떤 사실이나 (…하는) 방법을 알고 있을 경우에 사용된다.

Minsu sabe hablar español.

민수는 스페인어를 할 줄 안다.

※ saber + 동사원형 …할 줄 알다.

Ellos saben que ella es profesora.

그들은 그녀가 선생님이라는 것을 안다.

※ que : 영어의 that과 같은 접속사

2. Conocer

사람이나 장소를 알고 있을 때 사용된다.

-¿Conoces a mi hermana? 내 여동생을 아니?

-No, no la conozco. 아니, 몰라

-¿Conoces la ciudad de Busán? 부산 가봤니?

-Sí, sí la conozco. 그래, 가봤어.

연습 다음 빈칸에 saber와 conocer 동사 중에서 하나를 골라 쓰시오.

1. Yo _________ a la novia de Pedro, pero no _________ dónde vive.

2. Él _________ Japón, pero no _________ hablar japonés.

3. Mis padres no _________ a Antonio.

4. Mi novio y yo no _________ nadar.

5. Jorge no _________ conducir muy bien.

08 어간변화 동사(o-ue).

스페인어의 동사 중 일부는 어간의 모음 o가 ue로 변화한다.

volver 돌아오다	
yo	vuelvo
tú	vuelves
Ud. él, ella	vuelve
nosotros(as)	volvemos
vosotros(as)	volvéis
Uds., ellos, ellas	vuelven

다음은 어간의 모음 o가 ue로 변화하는 동사들이다.

almorzar 점심을 먹다   morir 죽다

costar 가격이 …이다   poder 할 수 있다

dormir 자다   volver 돌아오다

-¿A qué hora vuelves? 몇 시에 돌아오니?

-Vuelvo a las cinco. 5시에 와.

-¿Cuánto cuesta esta bicicleta? 이 자전거 얼마입니까?

-Cuesta mil pesos. 천 페소입니다.

-¿Cuántas horas duermes? 너는 몇 시간 자니?

-Duermo ocho horas. 8시간 자.

-¿Puedes ir a la fiesta esta noche? 오늘 저녁에 파티에 갈 수 있니?

-No, no puedo. 안돼.

연습 다음 괄호 안에 나오는 동사의 직설법 현재형을 쓰시오.

1. Ella siempre __________ en su casa.(almorzar)

2. ¿Cuánto __________ esta computadora?(costar)

3. Normalmente yo __________ cinco horas por la noche.(dormir)

4. Ellos no __________ venir mañana.(poder)

5. La profesora __________ a España en agosto.(volver)

의사소통 활동

◆ 사람 소개하기

> -¡Hola! Yo soy Manuel, de Argentina.
> 안녕! 난 아르헨티나에서 온 마누엘이야.
> -Mucho gusto. Me llamo Sori. 반가워. 난 소리야.
> -Encantado. ¿De dónde eres? 그래, 반갑다. 너는 어디서 왔니?
> -Soy de Corea. 한국에서 왔어.

> -Pascual, ella es Elena. 빠스꾸알, 이 친구는 엘레나야.
> -¡Hola, Elena! ¿Cómo estás? 안녕, 엘레나. 잘 지내니?
> -Muy bien, gracias. 아주 잘 지내. 고마워.

> -Te presento a María. María, él es Carlos.
> 마리아를 소개할게. 마리아, 이 친구는 까를로스야.
> -¡Hola, María! ¿Cómo estás? 안녕, 마리아.
> -Encantada. 반가워.

◆ 전화번호 묻고 답하기

> -¿Cuál es tu número de teléfono?
> -¿Cuál es su número de teléfono, Señor Castro?
> -(Mi número de teléfono) Es el 5-20-34-54.

※ 스페인어로 전화번호를 말할 때는 뒤에서부터 두 자리씩 끊어 읽고, 짝이 안 맞을 때는 맨 앞의 수를 먼저 읽는다.

 다음의 대화를 이용하여 서로를 소개해 보시오.

-¡Hola! Yo soy _________, de _________.

-Mucho gusto. Me llamo _________.

-Encantado(a). ¿De dónde eres?

-Soy de _________.

 다음과 같이 상대방의 전화번호를 묻고 답하시오.

-¿Cuál es tu número de teléfono?

-Es el _________.

스페인어권의 식사

스페인이나 중남미에서는 하루 식사 중 가장 푸짐한 것은 점심(almuerzo, comida)이다. 점심은 보통 1시나 2시에 먹는다. 특히 스페인과 멕시코는 2시에서 4시까지가 점심시간이다. 저녁(cena)은 점심보다 가볍게 먹고 저녁 8시에서 9시 사이에 한다. 아침(desayuno)은 토스트에 우유나 초콜렛으로 간단하게 먹는다. 점심을 가장 푸짐하게 먹기 때문에 시간 역시 많이 걸린다. 보통 가족들과 함께 모여서 먹는 경우가 흔하고 이 시간에는 사무실(oficina), 상점(tienda), 학교(escuela)가 문을 닫는다. 점심시간이 끝나는 4시가 되어서야 다시 문을 연다. 음식을 먹고 나서도 그냥 헤어지지 않고 약 30분가량의 식후좌담(sobremesa)을 하는 것이 보통이다. 이렇게 해서 점심을 먹고 나면 오후가 거의 다 가버린다.

그래서 스페인어권 사람들은 하루에 해야 할 일을 오전과 오후로 나눠 오전에는 급하고 중요한 일(은행, 관공서 등)을 처리하고 오후에는 좀 여유가 있는 일을 보는 수가 많다.

LECCIÓN 07

01

소유 형용사(후치형)

전치형 소유 형용사가 명사 앞에 나오는데 반해 후치형 소유 형용사는 명사 뒤에 위치한다. 물론 이 경우에도 명사의 성·수에 일치한다.

단수		복수		
남성	여성	남성	여성	
mío	mía	míos	mías	나의
tuyo	tuya	tuyos	tuyas	너의
suyo	suya	suyos	suyas	당신(들)의 그(들)의 그녀(들)의
nuestro	nuestra	nuestros	nuestras	우리들의
vuestro	vuestra	vuestros	vuestras	너희들의

1. 명사와 관사가 함께 나올 때는 후치형 소유 형용사가 사용된다.

-¿Con quién vas al concierto? 너 콘서트 누구랑 가니?

-Voy con un amigo mío. 내 친구랑 가.

2. 후치형 소유 형용사는 ser 동사와 함께 쓰여 소유관계를 나타낸다.

-¿Este coche es suyo, señor? 이 차는 당신 것입니까?

-No, no es mío. 아니오, 제 것이 아닙니다.

-¿De quién es esta chaqueta? 이 재킷 누구의 것입니까?

-Es mía. 제 것입니다.

3. 앞서 나온 명사를 반복하지 않고, 이를 대신하는 정관사와 함께 사용되어 소유 대명사의 역할을 한다. 즉, '정관사 + 후치형 소유 형용사 = 소유 대명사'인 것이다.

-Aquí están mis calcetines. 내 양말은 여기에 있다.

 ¿Dónde están los tuyos? 네 것은 어디에 있니?

-Los míos están allí. 내 것은 저기에 있어.

연습 다음 문장을 보기와 같이 후치형 소유 형용사를 사용하여 다시 쓰시오.
보기) Éste es mi reloj. → Este reloj es mío.

1. Aquel es su coche.　　　→ _______________________

2. Este es mi cuaderno.　　→ _______________________

3. Esos son nuestros zapatos.→ _______________________

4. Aquel es su traje.　　　→ _______________________

5. Ese es nuestro paraguas.　→ _______________________

6. Este es su dinero.　　　→ _______________________

7. Este es tu anillo.　　　→ _______________________

8. Esas son tus llaves.　　→ _______________________

연습 다음 괄호 안의 우리말에 해당하는 소유 대명사를 쓰시오.

1. Mi espejo está en la mesa. ¿Dónde está _________?(너의 것)

2. Mi ropa está aquí. ¿Dónde está _________?(당신의 것)

3. Ellos van a enviar sus cartas hoy.

 ¿Cuándo vamos a enviar _________?(우리들의 것)

4. Mis boletos están aquí. ¿Dónde están _________?(네 것)

5. Mis maletas son verdes. ¿De qué color son _________?(당신의 것)

02

간접 목적 대명사

간접 목적어는 동사가 나타내는 동작의 결과가 향하는 대상을 말하며 이를 대신하는 말이 간접 목적 대명사이다. 우리말로는 '…에게'로 번역된다.

1. 간접 목적어는 일반적으로 직접 목적어 뒤에 위치하며 항상 전치사 a 를 동반한다.

Él le da <u>una flor</u>　a　<u>María</u>. 그는 마리아에게 꽃 한 송이를 준다.
　　　　　직접 목적어　　간접 목적어

2. 한번 나온 간접 목적어를 다시 언급할 때는 이를 반복하지 않고 목적 대명사를 사용한다. 간접 목적 대명사의 형태를 보면 다음과 같다.

	단수	복수
1인칭	me	nos
2인칭	te	os
3인칭	le	les

3. 간접 목적 대명사는 일반적으로 동사 앞에 위치한다. 그러나 동사구 (조동사 + 본동사)와 함께 오면 조동사 앞에 오거나 본동사 뒤에 붙어서 나온다.

-¿Qué te vende ese señor? 그 아저씨가 너에게 무엇을 파니?

-Me vende unas muñecas. 나에게 인형 몇 개를 팔아.

-¿Qué te van a regalar tus padres?
　너의 부모님은 너에게 무엇을 선물하실 거니?

-Van a regalarme una impresora nueva.
　새 프린터를 한 대 선물하실 거야.

4. Le와 les는 여러 의미를 나타낼 수 있으므로 이를 명확히 하기 위해 'a + Ud.(él, ella, Uds., ellos, ellas)'가 사용된다. 또한 인칭 대명사가 간접 목적어인 경우에는 반드시 간접 목적 대명사의 형태로 나와야 한다.

Le traigo un libro a ella. 나는 그녀에게 책을 한 권 가져온다.

Ellos me dan dinero.(○) 그들은 나에게 돈을 준다.

Ellos dan dinero a mí.(×)

5. 스페인어에서는 간접 목적어가 나오는 문장에서 목적 대명사가 중첩해서 사용되는 경향이 있다.

<u>Les</u> enseño español a los estudiantes.

나는 학생들에게 스페인어를 가르친다.

<u>Le</u> doy un regalo a Marisa. 나는 마리사에게 선물을 준다.

6. 직접 목적 대명사와 간접 목적 대명사가 함께 나오는 경우 간접 목적 대명사가 먼저 나오고 다음에 직접 목적 대명사가 온다.

-¿Me prestas tus apuntes? 나한테 필기한 것 좀 빌려줄래?

- Sí, sí <u>te</u> <u>los</u> presto. 그래, 빌려줄게.

연습 다음 빈칸에 적당한 간접 목적 대명사를 쓰시오.

1. _________ dan las bolsas a nosotros.

2. _________ traigo la maleta a ella.

3. _________ piden el pasaporte a mí.

4. Nosotros _________ decimos 'Buenos días' a los profesores.

5. Sus alumnos _________ escriben a Ud.

 다음 빈칸에 적당한 목적 대명사를 쓰시오.

1. -¿Cuándo me vas a presentar a tu hermana?

   - _____ _____ voy a presentar mañana.

2. -¿Cuándo me vas a prestar la novela?

   - _____ _____ voy a prestar el domingo.

3. -¿Te va a comprar Graciela un regalo para tu cumpleaños?

   -Sí, _____ _____ va a comprar.

4. -¿Te va a regalar tu novio una blusa para tu cumpleaños?

   -Sí, _____ _____ va a regalar.

5. -¿Cuándo me vas a traer las fotos de tu novia?

   - _____ _____ voy a traer mañana.

03 어간변화 동사(e→i)

스페인어 동사 중 일부는 직설법 현재형에서 어간의 모음 e가 i로 변한다.

pedir 요구하다		decir 말하다	
yo	pido	yo	digo
tú	pides	tú	dices
Ud. él, ella	pide	Ud. él, ella	dice
nosotros(as)	pedimos	nosotros(as)	decimos
vosotros(as)	pedís	vosotros(as)	decís
Uds., ellos, ellas	piden	Uds., ellos, ellas	dicen

다음은 어간 e가 i 로 변화하는 동사들이다.

conseguir 구하다　　　　　　　　pedir 요구하다, 주문하다

decir 말하다　　　　　　　　　　seguir 따르다, 계속하다

servir 봉사하다, 내오다

-¿Me dices la respuesta número 5? 5번 답을 나에게 말해줄래?

-Sí, en un momento te la digo. 그래 금방 얘기해줄게.

-¿Qué pides, sopa o ensalada?

　수프하고 샐러드 중에서 무엇을 시킬래?

-Pido ensalada. 샐러드

연습 괄호 안에 나오는 동사의 현재형을 사용하여 문장을 완성하시오.

1. En el restaurante español (ellos) __________ la cena a las diez.(servir)

2. Ella __________ una habitación con vista al mar.(pedir)

3. Nosotros __________ al botones a la habitación.(seguir)

4. Tú no __________ trabajo porque no hablas español.(conseguir)

5. Yo __________ que Roberto es simpático, pero Susana __________ que él es antipático.(decir)

전치격 대명사

　스페인어에서 전치사와 함께 사용되는 인칭 대명사를 전치격 대명사라
한다. 이 대명사의 형태를 보면 다음과 같다.

주격 대명사	전치격 대명사	주격 대명사	전치격 대명사
yo	mí	nosotros(as)	nosotros(as)
tú	ti	vosotros(as)	vosotros(as)
Ud.	Ud.	Uds.	Uds.
él	él	ellos	ellos
ella	ella	ellas	ellas

1. 전치사와 함께 사용되는 대명사는 주격 인칭 대명사와 1인칭(mí), 2인
칭(ti)만 다르고 나머지는 그 형태가 동일하다.

　-¿Para quién es este regalo? ¿Es para mí?

　이 선물 누구한테 줄 거니? 나한테 줄 거니?

　-No, no es para ti; es para ella.

　아니, 너한테 줄 게 아니고 그녀에게 줄 거야.

2. mí와 ti가 전치사 con과 함께 사용되면 각각 conmigo와 contigo가 된
다.

　-¿Quieres ir conmigo a la fiesta? 파티에 나와 함께 갈래?

　-Lo siento, no puedo ir contigo porque voy a ir con mi novio.

　미안해, 너와 함께 갈수 없어. 내 남자 친구하고 갈 거거든.

연습 다음 괄호 안의 우리말에 해당하는 전치격 대명사를 쓰시오.

1. -¿Para quiénes son estos helados?

   -Son para _______.(너희들)

2. -¿Quieres ir con _______ al cine esta noche?(나)

   -No, no puedo ir con _______ esta noche.(너) Estoy muy ocupada.

3. -¿Hablan de _______?(나)

   -No, no hablamos de _______;(너) hablamos de _______.(그녀)

4. -Este jugo de naranja es para _______.(당신)

   -¿Para _______?(나) Ay, muchas gracias.

05 비교구문

스페인어 비교구문의 형태는 다음과 같다.

1. 부등비교

más ········ que ·········.	···보다 더 ···하다.
menos ········ que ·········.	···보다 덜 ···하다.

Guillermo es más alto que Ramón.

기예르모는 라몬보다 키가 더 크다.

Clara es más amable que Pilar.

끌라라가 삘라르보다 더 친절하다.

Yo tengo más experiencia que José.

나는 호세보다 경험이 더 많다.

José tiene menos tiempo que Pilar.

호세는 필라르보다 시간이 덜 많다.

(1) bueno, malo는 비교급이 más bueno, más malo가 아니고 mejor, peor이다.

> más bueno(x) → mejor(o)
> más malo(x) → peor(o)

Amanda recibe mejores notas que Pedro.
아만다는 뻬드로보다 더 좋은 점수를 받는다.
Guillermo es mejor estudiante que Ramón.
기예르모는 라몬보다 더 좋은 학생이다.

(2) '나이가 더 많다(어리다).'를 표현할 때는 mayor(menor)가 사용된다.
Amparo es mayor que Humberto.
암빠로는 움베르또보다 나이가 더 많다.
Humberto es menor que Amparo.
움베르또는 암빠로보다 나이가 어리다.

2. 동등비교

> tan + 형용사/부사 + como …….　　　…만큼 …하다.
> tanto(a, os, as) + 명사 + como …….　　　…만큼 …하다.
> 동사 + tanto como …….　　　…만큼 …하다.

Granada es tan bonita como Sevilla.
그라나다도 세비야만큼 아름답다.
En Busán hay tanto tráfico como en Seúl.
부산도 서울만큼 교통체증이 심하다.
Yo no tengo tanto tiempo libre como mi hermano.
나는 내 동생만큼 한가로운 시간이 많지 않다.
Pedro come tanto como Luis.
뻬드로는 루이스만큼 많이 먹는다.

3. 최상급

정관사 + 명사 + más(menos) + 형용사 + de…

Este es el cuarto más grande de la casa.

이것이 집에서 가장 큰 방이다.

Adriana es la más simpática de la clase.

아드리아나가 반에서 가장 친절하다.

연습 다음 보기에 주어진 단어를 사용하여 문장을 완성하시오.

보기)
> más que, menos que, tan como, tanto(a, os, as) como, mejor, peor, mayor, menor

1. El tigre es __________ grande __________ el perro.

2. En el campo hay __________ gente __________ en la ciudad.

3. Pedro tiene 15 años. María, 14 años. Pedro es ________ que María.

4. Ese lápiz rojo es malo, pero el verde es muy malo. El lápiz verde es __________ que el rojo.

5. Pedro tiene muchos amigos. Yo también tengo muchos. Yo tengo __________ amigos __________ Pedro.

6. Tu primo tiene 6 años. Mi primo, 10 años. Tu primo es ________ que el mío.

7. Mi reloj es muy bueno, pero tu reloj es bueno. Mi reloj es ______ que el tuyo.

8. Tu novia es muy guapa y mi novia es muy guapa también. Mi novia es __________ guapa __________ la tuya.

06 Mucho / muy

1. Mucho(a, os, as) + 명사

Hay mucha gente en el parque. 공원에는 사람이 많이 있다.

Hay muchos árboles en el bosque. 숲에는 나무들이 많이 있다.

2. 동사 + mucho

Te quiero mucho. 나는 너를 매우 사랑한다.

Ella trabaja mucho. 그녀는 열심히 일한다.

3. Muy + 형용사, 부사

Carlos es un chico muy bueno. 까를로스는 아주 좋은 애다.

Tú hablas español muy bien. 너 스페인어를 아주 잘 한다.

연습 다음 빈 칸에 mucho나 muy를 넣어 문장을 완성하시오.

1. Esta canción es __________ buena.

2. Las alumnas no comen __________.

3. Quiero __________ sal.

4. Mi hermana canta __________ bien.

5. Los abrigos de piel son __________ caros.

07 이중부정

스페인어는 긍정문에서 '동사 + 긍정어', 부정문에서 'no + 동사 + 부정어'의 구조를 갖는다. 각각의 긍정어는 상응하는 부정어를 가지고 있다.

긍정어	부정어
algo : 어떤 것 alguien : 누가 alguno(a, os, as) : 어떤 siempre : 항상 también : 역시 …하다	nada : 아무것(도 없다) nadie : 아무도 (…않다) ninguno(a) : 어떤·아무런(도 …않다) nunca : 결코 …않다 tampoco : 역시 …이 아니다

-¿Hay algo en el refrigerador? 냉장고 안에 뭐 좀 있니?

-No, no hay nada. 아니, 아무 것도 없어.

-¿Hay alguien en la puerta? 문에 누가 있습니까?

-No, no hay nadie. 아무도 없습니다.

-¿Hay algún restaurante en esta calle? 이 거리에 식당이 있습니까?

-No, no hay ninguno(ningún restaurante) por aquí.

아니오, 이 근처에는 식당이 한 곳도 없습니다.

※ alguno와 ninguno는 남성 단수명사 앞에서 각각 algún과 ningún으로 축약된다.

-¿Siempre viajas en verano? 항상 여름에 여행하니?

-No, nunca viajo en verano. 아니, 여름에 여행하는 법은 없어.

※ 부정어가 동사 앞에 나오는 경우 no가 사용되지 않는다.

-No quiero comer helado. 난 아이스크림 안 먹을래.

-Yo tampoco. 나도 그래.(부정에 대한 동의)

(비교) -Quiero ir al cine. 나는 극장에 가고 싶어.

-Yo también. 나도 그래.(긍정에 대한 동의)

 다음 물음에 부정으로 답하시오.

1. –¿Necesitas algo?

   –No, _______________.

2. –¿Tienes algunos amigos en México?

   –No, _______________________.

3. –Yo no hablo chino. Y ¿tú?

   –Yo _______________.

4. –¿Hay alguien en tu casa?

   –No, __________________.

5. –¿Siempre viajas con alguien?

   –No, __________________.

08 날씨 표현

스페인어에서 날씨 표현은 'hacer'동사 3인칭 단수형을 사용한다. 이때 주어는 사용되지 않는다.

1. 날씨가 어떠한지를 묻고 답하기

   –¿Qué tiempo hace hoy? 오늘 날씨가 어떻습니까?

   –Hace buen tiempo.
   날씨가 좋습니다.

   –Hace mal tiempo.
   날씨가 좋지 않습니다.

   –Hace (mucho) calor.
   날씨가 (매우) 덥습니다.

   –Hace (mucho) frío.
   날씨가 (매우) 춥습니다.

   –Hace (mucho) viento.
   바람이 (많이) 붑니다.

   –Hace (mucho) sol.
   해가 (쨍쨍) 납니다.

2. '비가 오다', '눈이 오다'는 각각 llover 동사의 3인칭인 단수형인 llueve 와, nevar 동사의 3인칭 단수형인 nieva를 써서 나타낸다. 주어는 사용되지 않는다.

Aquí llueve mucho en verano y nieva mucho en invierno.
여기는 여름에 비가 많이 오고 겨울에 눈이 많이 옵니다.

연습 다음 빈칸에 들어갈 적당한 표현을 보기에서 골라 쓰시오.

보기) | llueve, nieva, calor, hace mucho sol, hace mucho frío |

1. Necesito un paraguas. __________ mucho.

2. ¿No te vas a poner el abrigo? Afuera __________.

3. No necesito abrigo. ¡Hace __________!

4. En la provincia de Gangwon __________ mucho en invierno.

5. Necesitas el sombrero. Hoy __________.

연습 다음 설명을 읽고 해당되는 계절 명을 쓰시오.

보기) | 계절 명 : primavera, verano, otoño, invierno |

1. Hace mucho frío y a menudo nieva. Es __________.

2. Las clases empiezan, a veces hace viento, hay muchas flores y plantas nuevas. Es __________.

3. Hace mucho calor y muchas personas van a nadar al mar o a la piscina. Es __________.

4. Hace fresco y hay árboles de hojas amarillas, anaranjadas y de color café. Es __________.

◆ 비교하기

> -Para ti, ¿qué deporte es más interesante, el tenis o el béisbol?
> -Para mí, el tenis es más interesante que el béisbol.
> -Para mí, el tenis es tan interesante como el béisbol.

연습 다음 물음에 답하시오.

1. -Para ti, ¿qué deporte es más divertido, el baloncesto o el tenis?
   -Para mí, ____

2. -Para ti, ¿qué es más fácil, patinar o levantar pesas?
   -Para mí, _______________________________________

3. -Para ti, ¿qué deporte es más aburrido, el surfing o el voleibol?
   -Para mí, ____

4. -Para ti, ¿qué es más peligroso, nadar o esquiar?
   -Para mí, _____________________________________

5. -Para ti, ¿qué deporte es más difícil, el fútbol o el golf?
   -Para mí, _________________________________

스페인어권의 학교제도

스페인어권의 교육제도는 나라마다 차이가 있으나 대체로 유치원(jardín de niños), 초등학교(primaria), 중등학교(secundaria: 우리의 중고등학교에 해당), 그리고 대학교(universidad)가 있다. 대학은 학부(licenciatura)와 대학원(posgrado)으로 나뉜다. 일반적으로 대학은 우리처럼 입학시험(examen de admisión)을 통해 신입생을 선발하며 졸업은 아주 엄격하다. 수업연한은 나라 및 전공에 따라 조금씩 다르나 보통 4년에서 6년 사이이다. 대학을 졸업하기 위해서는 누구나 논문을 제출하여 엄격한 심사를 통과해야 한다. 이들 국가에서는 우리나라에서와 같이 별도의 전문자격시험(examen profesional)이 없기 때문에 논문심사를 통과하면 바로 해당 분야의 전문성을 인정하는 자격증이 부여된다. 따라서 대학의 학사칭호(licenciado)가 사회적으로 널리 대접을 받고 있으며 사람을 부를 때도 항상 그 사람의 타이틀을 이름 앞에 붙이는 것이 예의이다. 학사칭호는 전공에 따라 법대를 졸업하면 licenciado(변호사), 공대를 졸업하면 ingeniero(기사), 의대를 졸업하면 doctor(의사), 회계학과를 졸업하면 contador público(공인회계사), 건축학과를 졸업하면 arquitecto(건축사), 그리고 인문학을 전공하면 그냥 licenciado라는 타이틀이 부여된다.

LECCIÓN 08

01 Gustar 동사

Gustar 동사는 '…을 좋아하다'라는 의미를 갖는 동사로 우리말의 주어에 해당하는 말이 스페인어에서는 간접 목적어 형태로 동사 앞에 나오고, 우리말의 목적어에 해당하는 말이 주어로 동사 뒤에 위치한다.

<u>Me</u>　　<u>gusta</u>　　<u>la música latina.</u> <u>나는</u>　<u>라틴음악을</u>　<u>좋아한다.</u>
간접 목적어　　동사　　　주어　　　　　　주어　　직접 목적어　　　동사

1. Gustar 동사는 뒤에 나오는 주어가 명사 단수형이나 동사원형인 경우 gusta가 되고, 명사 복수형인 경우는 gustan이 된다.

Me	
Te	**gusta** el fútbol.
Le	**gusta** viajar en tren.
Nos	**gusta** cantar y bailar.
Os	**gustan** los jugos de fruta.
Les	

-¿Te gustan los tacos? 너 따꼬 좋아하니?
-Sí, me gustan mucho. 그래, 아주 좋아해.

-¿Te gusta bailar? 너 춤추는 것을 좋아하니?
-Sí, me gusta mucho bailar. 그래, 아주 좋아해.

-¿Qué te gusta hacer? 너는 무엇 하는 것을 좋아하니?
-Me gusta cocinar. 요리하는 것을 좋아해.

2. 간접 목적어를 강조하거나 간접 목적 대명사가 의미하는 사람이 누구인지를 구체적으로 나타내고자 하는 경우 다음과 같이 표현한다.

A + 명사(대명사) + le(s) + gusta(n)…

A Paula le gusta mucho la comida mexicana.
빠울라는 멕시코 음식을 아주 좋아한다.

A Pedro y a Ernesto les gustan las hamburguesas.
뻬드로와 에르네스또는 햄버거를 좋아한다.

3. Gustar 동사가 나오는 문장을 부정문으로 만들기 위해서는 no를 간접
목적 대명사 앞에 놓는다.

No me gusta practicar deportes. 나는 스포츠를 좋아하지 않는다.
A Pedro no le gustan las sandías. 뻬드로는 수박을 좋아하지 않는다.

연습 다음에 나오는 단어를 사용하여 보기와 같이 문장을 만드시오.

보기) mi hermana / gustar / las fresas

→ A mi hermana le gustan las fresas.

1. mi mejor amigo / gustar / el café

→ _______________________.

2. mis padres / gustar / la comida mexicana

→ _______________________.

3. mi novia / gustar / el chocolate

→ _______________________.

4. mi profesora de español / gustar / las canciones coreanas

→ _______________________.

5. mi abuela / gustar / la fruta

→ _______________________.

6. Pedro / gustar / andar / en bicicleta.

→ _______________________.

7. mi hermana / gustar / ir de compras.

→ _______________________.

8. mis primos /gustar / ir al cine

→ _______________________.

Tener 동사를 이용한 관용구

tener (mucho) calor		(매우) 덥다
	frío	춥다
	sed	목이 마르다
	hambre	배가 고프다
	sueño	졸리다
	prisa	급하다
	miedo	무섭다
	cuidado	조심하다
tener razón		(의견) 맞다
tener …años de edad		나이가 …이다

-¿Tienes calor? 덥니?

-Sí, y también tengo mucha sed. 그래, 그리고 아주 갈증이나.

-Tengo mucha hambre. 배고파 죽겠다.

-¿Cuándo vas a comer? 언제 밥 먹을래?

-¿Cuántos años tienes? 나이가 몇 살이니?

-Tengo dieciocho años. 18살이야.

-¿Quieren ir al cine esta noche? 오늘 밤에 영화 보러 갈래?

-No, gracias. Tenemos mucho sueño. 아니, 졸려 죽겠어.

-¿Por qué tiene prisa Amanda? 아만다가 왜 급하게 서두니?

-Porque su clase empieza a las ocho. 수업이 8시에 시작해서 그래.

연습 다음 빈칸에 들어갈 적당한 표현을 보기에서 골라 쓰시오.

보기) | tener : calor, frío, hambre, prisa, sed, sueño, miedo |

1. A mediodía, Marta __________.

2. Voy a ponerme un suéter porque __________.

3. Hace mucho sol, ¿(tú) no __________?

4. A medianoche, (yo) __________.

5. Estoy en casa. Son las 9:55 y tengo una clase a las 10:00. (Yo) __________.

6. Hace mucho sol hoy. Paco y Pepe quieren tomar agua fría porque __________.

7. Cuando estoy solo(a) de noche, a veces __________.

8. ¿Tienes algo para comer? (Yo) __________.

03 재귀 구문

1. 재귀 대명사

문장에서 주어와 직접 목적어 혹은 간접 목적어가 같은 사람인 경우 목적어로 재귀 대명사가 사용된다. 스페인어의 재귀 대명사는 다음과 같다.

주격 대명사	재귀 대명사	주격 대명사	재귀 대명사
yo	me	nosotros(as)	nos
tú	te	vosotros(as)	os
él		ellos	
ella	se	ellas	se
Ud.		Uds.	

(1) 재귀 대명사는 3인칭의 se를 제외하고 직접·간접 목적 대명사와 형태가 동일하다. 3인칭 단수 및 복수형은 모두 se이다.

(2) 재귀 대명사는 문장에서 직접 혹은 간접 목적어 기능을 하므로 목적 대명사와 동일한 위치에 나온다.

Me lavo. 나는 몸을 씻는다.(직접 목적어)

Me pongo los zapatos. 나는 신발을 신는다.(간접 목적어)

2. 재귀 구문

재귀 구문이란 '재귀 대명사 + 동사'로 이루어지며 주어가 행한 동작이 주어 자신에게 돌아올 때 사용된다.

lavarse (몸을) 씻다	
me lavo	nos lavamos
te lavas	os laváis
se lava	se lavan

(1) 타동사는 재귀 대명사와 함께 쓰이느냐 아니면 목적어와 함께 쓰이느냐에 따라 그 의미가 달라진다.

Marta baña a su hijo.

마르따는 아들을 목욕시킨다.

Marta se baña.

마르따는 목욕한다.

Julia acuesta a su hijo a las ocho.

훌리아는 아들을 8시에 재운다.

Julia se acuesta a las ocho.

훌리아는 8시에 잔다.

⑵ 다음의 동사는 일반적으로 재귀 대명사와 함께 사용된다.

acostarse	잠자리에 들다
despertarse	깨다
levantarse	일어나다
bañarse	목욕하다
ducharse	샤워하다
afeitarse	면도하다
lavarse el pelo	머리를 감다
lavarse los dientes	이를 닦다
peinarse	머리를 빗다
ponerse la ropa	옷을 입다
quitarse la ropa	옷을 벗다
llamarse	이름이 …이다
preocuparse	걱정하다

-¿A qué hora te levantas? 너는 몇시에 일어나니?

-Me levanto a las siete. 7시에 일어나.

-¿Te duchas todos los días? 너는 매일 샤워를 하니?

-Sí, me ducho todos los días. 그래, 매일 해.

-¿Cómo te llamas? 네 이름이 뭐니?

-Me llamo Antonio. 내 이름은 안또니오야.

-¿Se preocupan tus padres por ti? 너의 부모님은 네 걱정을 하시니?

-Sí, se preocupan mucho. 그래, 많이 하셔.

다음 단어를 사용하여 보기와 같이 묻고 답하시오.

보기) ¿ducharse o lavarse los dientes?

-¿Qué haces primero, te duchas o te lavas los dientes?

-Primero me ducho y luego me lavo los dientes.

1. ¿lavarse la cabeza o lavarse la cara?

-_______________________________________

-_______________________________________

2. ¿bañarse o lavarse los dientes?

-_______________________________________

-_______________________________________

3. ¿afeitarse/maquillarse o peinarse?

-_______________________________________

-_______________________________________

4. ¿lavarse la cara o ponerse la ropa?

-_______________________________________

-_______________________________________

5. ¿ponerse la ropa o peinarse?

-_______________________________________

-_______________________________________

04 현재 진행형

1. 형태

현재 진행형은 'estar 동사의 현재형 + 현재분사'로 이루어진다.

estoy esperando	estamos esperando
estás esperando	estáis esperando
está esperando	están esperando

스페인어의 현재분사는 동사어간에 -ando나 -iendo를 붙여 만든다.

제1변화동사(-ar)	esperar	esper**ando**
제2변화동사(-er)	comer	com**iendo**
제3변화동사(-ir)	escribir	escrib**iendo**

다음과 같은 동사들은 현재분사가 불규칙형이다.

leer	**leyendo**
oír	**oyendo**
traer	**trayendo**
pedir	**pidiendo**
servir	**sirviendo**
decir	**diciendo**
venir	**viniendo**
dormir	**durmiendo**

2. 용법

현재 진행형은 현재 순간에 진행 중인 동작을 강조할 때 사용된다.

-¿Qué estás haciendo? 너 뭐 하고 있니?

-Estoy esperando a un amigo. 친구를 기다리고 있어.

-¿Está Paco leyendo? 빠꼬는 책을 읽고 있니?

-No, está durmiendo. 아니, 자고 있어.

다음 질문에 주어진 단어를 사용하여 답하시오.

-¿Qué están haciendo?

보기) Susana / escribir una carta

→ Susana está escribiendo una carta.

1. Diana / comprar ropa

→ _________________________.

2. Roberto y su hermano / hablar

→ _________________________.

3. Luis / abrir un libro

→ _________________________.

4. Paco y yo / pasar un rato / con los amigos

→ _________________________.

5. tú / bailar / con tus amigos

→ _________________________.

6. nosotros / leer una novela

→ _________________________.

7. yo / ver la televisión

→ _________________________.

8. sus amigos / oír música

→ _________________________.

9. Carlos / cantar

→ _________________________.

10. la familia / comer

→ _________________________.

05 Tener que / hay que

둘 다 의무(…해야 한다)를 나타내는 구문이나, 'tener que'는 구체적인 주어가 있는 경우에 사용되고, 'hay que'는 구체적인 주어가 없는 경우에 쓰인다. 다시 말하면 일반적인 사람을 대상으로 말할 때 사용된다.

주어 + tener que + 동사원형
Hay que + 동사원형

-¿Qué tienes que hacer después de clases hoy?
　오늘 수업 끝나고 무엇을 해야 하니?
-Tengo que hacer la tarea en la computadora.
　컴퓨터로 숙제해야 돼.

-¿Qué hay que hacer para sacar buenas notas?
　점수를 잘 받기 위해서는 어떻게 해야 합니까?
-Hay que estudiar mucho. 열심히 공부해야 합니다.

연습 다음 질문에 주어진 단어를 사용하여 답하시오.

　　　-¿Qué tienen que hacer?

보기) Pedro / estudiar

　　　→ Pedro tiene que estudiar.

1. Elsa / esperar a su novio

　→ ________________________

2. Elena y Jorge / usar la computadora

　→ ________________________

3. Antonio / hacer la tarea

   → _______________________

4. Mónica e Isabel / ayudar a su abuela

   → _______________________

5. Felipe / hablar con la profesora

   → _______________________

의사소통 활동

◆ 기호 말하기

> -En tu tiempo libre, ¿qué te gusta hacer?
> 시간이 나면 무엇을 하는 것을 좋아하니?
> -Me gusta ver la televisión.
> 텔레비전 보는 것을 좋아해.

연습 두 사람씩 짝을 이루어 각자가 좋아하는 것을 묻고 답하시오. 대답은 보기에 나오는 동사를 사용하시오.

보기) -En tu tiempo libre, ¿qué te gusta hacer?

     -Me gusta practicar deportes.

hacer ejercicio	leer novelas	ir de compras
ver la televisión	escribir una carta	jugar videojuegos
ir al cine	practicar deportes	

◆ 아픈 신체 부위 말하기

> 간접 목적대명사 + duele(n) + 정관사 + 신체부위
> Me   duele   la   cabeza
> 나는   머리가   아프다.

-¿Qué te duele? 어디가 아프니?

-Me duelen los dientes. 이가 아파.

-¿Qué le duele a Ud.? 어디가 아픕니까?

-Me duele el estómago. 배가 아픕니다.

연습 두 사람씩 짝을 지어 괄호 안의 신체 부위를 사용하여 대답하시오.

1. -¿Qué te duele?(ojos)

   -____________________.

2. -¿Qué te duele?(pie)

   -____________________.

3. -¿Qué te duele?(pierna)

   -____________________.

4. -¿Qué te duele?(espalda)

   -____________________.

5. -¿Qué te duele?(pecho)

   -____________________.

신대륙의 발견인가 아니면 두 대륙의 만남인가?

　우리는 흔히 별생각 없이 1492년에 콜럼버스(스페인어로는 Cristóbal Colón)가 신대륙을 발견했다고 말한다. 그러나 발견(descubrimiento)이라는 말은 이 세상에 이전까지는 존재하지 않아 아무도 모르고 있었던 사실을 새롭게 찾아내는 것을 의미한다. 그러므로 콜럼버스가 아메리카 대륙을 발견했다고 하는 것은 이 대륙에서 아스떼까(Azteca), 마야(Maya), 잉카(Inca)와 같은 거대한 문명을 이루고 살았던 수천만 원주민들의 존재를 무시하는 지극히 유럽 중심적인 사고의 한 전형이다.

　그러면 우리는 콜럼버스가 아메리카에 도착한 1492년 10월 12일을 어떻게 이해해야 할 것인가. 이에 대해서 중남미의 지식인들은 이날은 콜럼버스를 통해 아메리카와 그 원주민들이 유럽에 알려지게 된 날이자 서로 다른 두 문명이 만난 역사적인 날이라 규정하고 el descubrimiento del Nuevo Mundo(신대륙의 발견)라는 말 대신에 el encuentro de dos Mundos(두 세계의 만남)라는 용어를 사용한다.

LECCIÓN 09

단순과거[1]

스페인어에는 두 종류의 과거시제가 있다. 하나는 단순과거이고 다른 하나는 불완료과거이다. 이 두 시제의 공통점은 과거에 일어난 사실을 표현하는 데 있으나 그 용법은 서로 상이하다. 그럼 먼저 단순과거를 보기로 하자.

1. 형태

단순과거의 규칙형은 동사의 어간에 아래와 같은 어미를 붙여 만든다.

	hablar	comer	escribir
yo	hablé	comí	escribí
tú	hablaste	comiste	escribiste
Ud., él, ella	habló	comió	escribió
nosotros(as)	hablamos	comimos	escribimos
vosotros(as)	hablasteis	comisteis	escribisteis
Uds., ellos, ellas	hablaron	comieron	escribieron

※ 제 2·3 변화 동사의 단순과거 규칙형의 어미는 동일하다. 또한 제 1 변화 동사 1인칭 복수형은 단순과거와 현재시제가 똑같다.

2. 용법

단순과거는 단순히 과거에 완료됐다고 판단되는 동작이나 상태를 나타내는 데 사용된다. 이 경우 흔히 ayer(어제), anoche(어젯밤), anteayer(그제), la semana pasada(지난주), el mes pasado(지난달), el año pasado(작년) 등과 같은 과거의 특정 시점을 나타내는 부사구들이 함께 나온다.

---

1) 기존의 문법서에서는 이 시제의 명칭을 부정과거라 부르기도 한다.

-¿Qué hiciste el fin de semana pasado? 지난 주말에 뭐 했니?
-Limpié mi cuarto. 내 방을 청소했어.

-¿A qué hora volviste a casa anoche? 어젯밤 몇 시에 들어왔니?
-Volví a las once. 11시에 들어 왔어.

-¿Te bañaste anoche? 어젯밤에 목욕했니?
-Sí, me bañé. 그래, 했어.

3. 다음의 동사들은 단순과거형에서 철자가 변화한다.

(1) 1인칭 단수형에서 철자 변화

llegar: **llegué**, llegaste, llegó, llegamos, llegasteis, llegaron

buscar:　**busqué**,　buscaste,　buscó,　buscamos,　buscasteis, buscaron

pagar: **pagué**, pagaste, pagó, pagamos, pagasteis, pagaron

empezar: **empecé**, empezaste, empezó, emepezamos, empezasteis, empezaron

-¿A qué hora llegaste a casa ayer? 어제 집에 몇 시에 왔니?
-Llegué a las cinco, y empecé a estudiar.
　5시에 와서 공부하기 시작했어.

(2) 3인칭 단수 및 복수형에서 철자 변화

leer: leí, leíste, **leyó**, leímos, leísteis, **leyeron**

creer: creí, creíste, **creyó**, creímos, creísteis, **creyeron**

Ella lo leyó en el periódico pero no lo creyó.
그녀는 그것을 신문에서 봤으나 믿지 않았다.

 다음 단어를 사용하여 보기와 같이 문장을 만드시오.

보기) Ayer / yo/ escribir cartas

Ayer escribí cartas.

1. Anoche / yo / cenar / con mis padres

   _______________________________.

2. El año pasado / Pedro / pasar las vacaciones / en Cancún

   _______________________________.

3. Ayer / él / no estudiar   español

   _______________________________.

4. El domingo pasado / nosotros / ver una película de Steven Spilberg

   _______________________________.

5. Ayer / yo / llegar a la clase / tarde

   _______________________________.

6. En 1994 / mis padres / comprar una casa / en la playa

   _______________________________.

7. ¿Quién / hablar / por teléfono / anoche?

   ¿_______________________________?

8. El viernes pasado / María / salir / con Antonio

   _______________________________.

9. Ayer / mi familia / comer / en un restaurante japonés

   _______________________________.

10. El año pasado / Gustavo / terminar   sus estudios

   _______________________________.

02 Ser, ir, dar 동사의 단순과거

이 동사들의 단순과거형은 불규칙이며 ser 동사와 ir 동사의 단순과거형은 동일하다.

	ser	ir	dar
yo	fui	fui	di
tú	fuiste	fuiste	diste
Ud., él, ella	fue	fue	dio
nosotros(as)	fuimos	fuimos	dimos
vosotros(as)	fuisteis	fuisteis	disteis
Uds., ellos, ellas	fueron	fueron	dieron

-¿Qué te dio tu tío? 네 삼촌이 너에게 무엇을 주셨니?
-Me dio dinero. 돈을 주셨어.

-¿Adónde fuiste anoche? 어젯밤에 어디에 갔었니?
-Fui al cine. 극장에 갔어.

-¿Uds. fueron alumnos del profesor Mendoza?
너희들은 멘도사 선생님의 학생들이었니?
-Fernando fue su alumno, pero yo fui alumna de la profesora Allende.
페르난도는 그의 학생이었으나 저는 아옌데 선생님의 학생이었습니다.

다음 ser, ir, dar 동사의 단순과거형을 사용하여 문장을 완성하시오.

1. Anoche __________ a un restaurante español y comí paella.

2. Ella no __________ mi profesora el año pasado.

3. ¿Tú le __________ la botella de vino tinto a Pedro?

4. Carlos y yo __________ a una fiesta la semana pasada.

5. Ella nos __________ una torta helada.

6. ¿Uds. __________ sus alumnos el año pasado?

7. ¿Quién te __________ la pulsera?

8. ¿Ellos __________ a un restaurante chino anoche?

9. Nosotros no le __________ la propina al mesero.

10. ¿Quién __________ tu profesor favorito el año pasado?

03 단순과거 불규칙형

다음은 단순과거에서 불규칙 변화를 하는 동사들이다.

tener ： tuve, tuviste, tuvo, tuvimos, tuvisteis, tuvieron
estar ： estuve, estuviste, estuvo, estuvimos, estuvisteis, estuvieron

poder ： pude, pudiste, pudo, pudimos, pudisteis, pudieron
poner ： puse, pusiste, puso, pusimos, pusisteis, pusieron
saber ： supe, supiste, supo, supimos, supisteis, supieron

hacer ： hice, hiciste, hizo, hicimos, hicisteis, hicieron
venir ： vine, viniste, vino, vinimos, vinisteis, vinieron
querer： quise, quisiste, quiso, quisimos, quisisteis, quisieron

decir ： dije, dijiste, dijo, dijimos, dijisteis, dijeron
traer ： traje, trajiste, trajo, trajimos, trajisteis, trajeron

-¿Por qué no viniste anoche? 어젯밤 왜 안 왔니?

-No pude; tuve que estudiar. 올 수 없었어. 공부를 해야만 했거든.

-¿Qué hicieron Uds. ayer en tu casa ?

  어제 너의 집에서 뭐 했니?

-Alberto hizo su tarea y yo hice ejercicio.

  알베르또는 숙제를 했고 나는 운동 했어.

-¿Dónde pusiste mi chaqueta? 내 윗도리 어디에 놓았니?

-La puse encima de la cama. 침대 위에 놓았어.

-Ayer hubo una fiesta en mi casa. 어제 우리 집에서 파티가 있었어.

-Sí, lo supe esta mañana. 그랬다면서, 오늘 아침에 알았어.

  ※ hay의 단순과거형은 hubo이다.

-¿Qué te dijo María? 마리아가 너에게 무슨 말을 했니?

-Me dijo que te ama mucho. 너를 아주 좋아한다고 했어.

연습 다음 괄호 안에 나오는 동사의 단순과거형을 사용하여 문장을 완성하시오.

1. ¿Dónde __________ Uds. anoche?(estar)

2. Ana y Pedro __________ que limpiar la casa.(tener)

3. ¿Dónde __________ tú la aspiradora?(poner)

4. Ella me __________ un secador.(traer)

5. Paco no __________ las maletas. (hacer)

6. Yo no __________ ir a la peluquería ayer.(poder)

7. Ayer __________ una fiesta en mi casa.(haber)

8. Ellos no me __________ nada.(decir)

9. Yo lo __________ al español.(traducir)

10. Mi abuela no __________ ayer a la fiesta.(venir)

04 불완료과거

1. 형태

불완료과거 규칙형은 다음과 같다.

	hablar	comer	escribir
yo	hablaba	comía	escribía
tú	hablabas	comías	escribías
Ud., él, ella	hablaba	comía	escribía
nosotros(as)	hablábamos	comíamos	escribíamos
vosotros(as)	hablabais	comíais	escribíais
Uds., ellos, ellas	hablaban	comían	escribían

2. 용법

(1) 과거의 습관이나 여러 번 반복된 동작을 나타낸다.

Ya no juego al fútbol, pero antes jugaba todas las tardes.

지금은 축구를 안 하지만, 전에는 매일 오후마다 축구를 했다..

Mi padre siempre se levantaba a las cinco de la mañana.

우리 아버지는 항상 아침 5시면 일어나셨다.

(2) 과거의 한 시점에서 지속된 동작이나 상태를 나타낸다.

Yo vivía en Chile cuando tenía 10 años.

나는 10살 때 칠레에 살았었다.

Veníamos para casa cuando vimos a Mónica.

모니카를 만났을 때 우리는 집으로 오고 있는 중이었다.

3. 불완료과거 불규칙형

스페인어에서 불완료과거가 불규칙인 동사는 ser, ver, ir 동사 3개뿐이다.

	ser	ver	ir
yo	era	veía	iba
tú	eras	veías	ibas
Ud., él, ella	era	veía	iba
nosotros(as)	éramos	veíamos	íbamos
vosotros(as)	erais	veíais	ibais
Uds., ellos, ellas	eran	veían	iban

Cuando era niño, yo veía dibujos animados todos los días.
어렸을 때 나는 매일 만화영화를 보았다.
Íbamos al cine cuando vimos a la profesora en el centro.
시내에서 선생님을 만났을 때 우리는 극장에 가는 중이었다.

연습 다음 문장을 불완료과거 시제를 사용하여 다시 쓰시오.

1. Mi familia y yo vivimos en Santiago.

   ____.

2. Mi padre trabaja para la compañía Samsung.

   ____.

3. Mis hermanos y yo asistimos a la escuela.

   ____.

4. Generalmente pasamos las vacaciones en Viña del Mar.

   ____.

5. Allí nadamos, pescamos y tomamos el sol.

   ____.

6. En invierno vamos a las montañas para esquiar.

   ____.

7. Mis abuelos viven en Corea y no los vemos mucho.

   ____.

8. Siempre les escribo a mis abuelos.

   ____.

연습 다음 빈칸에 들어갈 적당한 말을 쓰시오.

1. Ahora como fruta todos los días, pero cuando era joven, no
   _________ fruta.

2. Ahora leo el periódico a menudo, pero cuando era joven,
   _________ el periódico de vez en cuando.

3. Ahora me levanto a las 7, pero cuando era joven, me _________
   más tarde.

4. Sólo _______ una vez por semana, pero cuando era joven, nadaba
   todos los días.

5. Ahora no voy al cine nunca, pero cuando era joven, _________
   una vez a la semana.

6. Ahora no _________ ejercicio nunca, pero cuando era joven, hacía
   ejercicio.

7. Ahora estudio inglés y español, pero cuando era joven, no
   _________ nada.

8. Ahora gano mucho dinero, pero cuando era joven _________ poco
   dinero.

9. Ahora me gusta la música clásica, pero cuando era joven me __________ la música de rock.

10. Ahora __________ el piano, pero cuando era joven nunca tocaba el piano.

05 단순과거형에서 어간변화

1. 제3 변화 동사 중 일부는 단순과거 3인칭 단·복수형에서 e가 i로 변화한다.

	pedir	servir	seguir
yo	pedí	serví	seguí
tú	pediste	serviste	seguiste
Ud., él, ella	**pidió**	**sirvió**	**siguió**
nosotros(as)	pedimos	servimos	seguimos
vosotros(as)	pedisteis	servisteis	seguisteis
Uds., ellos, ellas	**pidieron**	**sirvieron**	**siguieron**

-¿Qué pidieron Uds. en ese restaurante?
그 식당에서 무엇을 시켰니?
-Yo pedí paella y Rosa pidió pollo asado.
나는 빠에야를 시켰고 로사는 닭구이를 시켰어.

-¿Qué sirvieron ayer en la cafetería?
어제 식당에서 뭐가 나왔니?
-Sirvieron carne de res y ensalada.
소고기와 샐러드가 나왔어.

2. 다음의 동사는 단순과거 3인칭 단·복수형에서 o가 u로 변한다.

	dormir	morir
yo	dormí	morí
tú	dormiste	moriste
Ud., él, ella	**durmió**	**murió**
nosotros(as)	dormimos	morimos
vosotros(as)	dormisteis	moristeis
Uds., ellos, ellas	**durmieron**	**murieron**

-¿Dónde durmieron Uds. anoche? 어젯밤 어디서 잤습니까?

-Yo dormí en mi casa y Jorge durmió en el hotel.
　나는 집에서 잤고 호르헤는 호텔에서 잤어.

-¿Cuándo murió tu abuela? 너의 할머님은 언제 돌아가셨니?

-Murió cuando yo era niño. 내가 어렸을 때 돌아가셨어.

연습 다음 괄호 안에 나오는 동사의 단순과거형을 쓰시오.

1. Yo le ________ dinero a mi madre.(pedir)

2. Ella ________ a su casa y ________ dos horas.(volver, dormir)

3. Anoche nosotros ________ una fiesta y ________ sándwiches
　de jamón y queso.(dar, servir)

4. Los alumnos no ________ los consejos del profesor.(seguir)

5. Mi padre ________ en un accidente.(morir)

06 단순과거와 불완료과거의 비교

두 시제 모두 과거에 일어난 동작이나 상태를 나타내나 그 용법은 서로 상이하다. 그 차이를 보면 다음과 같다.

1. 단순과거는 과거에 완료되었다고 판단되는 동작이나 상태를 나타내고 불완료과거는 과거의 한 시점에서 지속되고 있는 동작이나 상태를 나타낸다.

Ayer visité el Estadio Olímpico.
나는 어제 올림픽 경기장을 방문했다.

Yo descansaba en mi cuarto cuando me llamaste.
나한테 전화했을 때 난 내방에서 쉬고 있었어.

Marcela y Pedro caminaban por la plaza cuando oyeron los gritos.
고함소리 들었을 때 마르셀라와 뻬드로는 광장을 거닐고 있었다.

2. 불완료과거는 과거의 습관적인 동작을 나타낸다.

Cuando yo era niña, iba de vacaciones a Acapulco.
어렸을 때 나는 아까뿔꼬로 휴가를 가곤 했다.

3. 단순과거는 과거에 완료된 개별적인 사건을 이야기하는 데 사용되고 불완료과거는 과거 상황을 묘사하는 데 쓰인다.

Anoche fui al cine con mis amigos y vimos una película interesante.
어젯밤 나는 친구들과 극장에 가서 재미있는 영화 한 편을 보았다.

Eran las once de la noche cuando llegamos a Los Ángeles.
우리가 LA에 도착했을 때는 밤 11시였다.

Cuando salí de casa esta mañana, hacía frío y nevaba.
오늘 아침 집에서 나왔을 때 날씨가 춥고 눈이 오고 있었다.

 다음 괄호 안의 동사를 문맥에 맞게 단순과거나 불완료과거로 고치시오.

1. Siempre ella __________ el periódico por la tarde.(comprar)

2. Vi a tus amigos cuando __________ por la ciudad.(pasear)

3. Anoche yo __________ a las 9 porque __________ muy cansada. (acostarse, estar)

4. De pequeña ella __________ con sus abuelos.(vivir)

5. Antes tú __________ muchos dulces.(comer)

6. De repente ellos __________ un grito.(oír)

7. Cuando iba de viaje, ella siempre __________ regalos para todos. (traer)

8. Ella __________ todos los días por teléfono con Vicente.(hablar)

9. Cuando yo __________ pequeño, __________ todos los días en el colegio.(ser, comer)

10. Yo __________ a Juan porque __________ muy nerviosa.(llamar, (estar)

의사소통 활동

◆ 과거에 행한 동작 말하기

-¿Qué hiciste ayer?

-Ayer por la mañana, me lavé el pelo.
               desayuné rápidamente.
               salí de la casa.
               llegué a la escuela a las nueve.

-Ayer por la tarde, volví a casa a las dos.
             almorcé con mi mamá.
             jugué al fútbol con mis amigos en el parque.

-Anoche, cené con mi familia.
         vi la televisión.
         leí un poco antes de acostarme.
         me acosté temprano.

연습 두 사람씩 짝을 지어 어제 한 일을 묻고 답하시오.

  -¿Qué hiciste ayer?

  - ___________________

◆ 과거의 습관적인 동작 및 상황 묘사하기

Cuando yo era estudiante de la escuela secundaria,
era una chica muy alegre.
tenía muchos amigos e iba al cine con ellos.
iba a la escuela en autobús.
estudiaba todas las noches.

연습 두 사람씩 짝을 지어 여러분들의 고등학교 시절에 관한 다음 사항을 묻고 답하시오.

1. -¿Cómo se llamaba tu escuela secundaria?

   -____.

2. -¿Vivías lejos de la escuela o vivías cerca?

   -____.

3. -¿Cómo ibas a la escuela?

   -____________________________.

4. -¿Llegabas a la escuela a tiempo o llegabas tarde?

   -____.

5. -¿Te gustaba estudiar?

   -__________________________.

6. -¿Eras buen(a) estudiante?

   -__________________________.

7. -¿Qué hacías siempre después de las clases entre semana?

   -____.

대부제도(compadrazgo)

　　스페인어권 사람들에게 있어서 가톨릭(catolicismo)은 우리의 유교와 같은 것이다. 다시 말하면 가톨릭의 전통이 일상생활 곳곳에 깊게 뿌리내려 있다. 그중에서 대부제도(compadrazgo)는 이들 사회의 가족관계를 확대하는 중요한 요소 중의 하나이다. 아이가 태어나 영세(bautismo)를 받을 때나 결혼식(matrimonio)에서 가족의 친지나 친구 중에서 대부(el padrino)와 대모(la madrina)를 세운다. 이들은 대자들(ahijados)과 평생토록 친부모 이상의 관계를 유지하고, 또한 대자들의 친부모와도 가족의 일원처럼 지낸다. 친부모와 대부모는 서로를 compadre와 comadre라 부른다.

LECCIÓN 10

01 불완료과거 진행형

불완료과거 진행형은 'estar 동사의 불완료과거형+현재분사'로 이루어지며 과거의 한 시점에서 동작이 진행 중임을 강조하고자 할 때 사용된다.

estaba		
estabas		hablando
estaba	+	comiendo
estábamos		viviendo
estabais		
estaban		

-¿Qué estabas haciendo anoche a las diez?

어젯밤 10시에 무엇을 하고 있었니?

-Estaba estudiando para los exámenes de hoy.

오늘 볼 시험공부 하고 있었어.

-¿Qué estabas haciendo ayer cuando te llamé?

어제 너에게 전화했을 때 무엇을 하고 있었니?

-Estaba durmiendo. 자고 있었어.

연습 다음 질문에 보기에서 적당한 동사를 골라 대답하시오.

-¿Qué estabas haciendo ayer a las tres de la tarde?

보기) ver, leer, tomar, estudiar, limpiar, esperar, salir, escuchar

1. -______________________ una siesta.

2. -______________________ la casa.

3. -______________________ la televisión.

4. -______________________ español.

5. ______________________ el periódico.

6. ______________________ música.

7. ______________________ a mi novio(a).

8. ______________ de la clase de gramática.

02 Hacer + 경과 시간

> hace + 경과 시간 + que + 동사(현재형)
>
> 동사(현재형) + desde hace + 시간

이 표현은 과거에 시작해서 현재까지 계속된 동작이나 상태의 경과 시간을 나타내는 데 사용되며 우리말로는 '…부터 …하고 있다', 혹은 '…한 지 …되었다'에 해당한다.

-¿Cuánto tiempo hace que estudias español?
스페인어를 배운 지 얼마나 되었니?
-Hace dos años que estudio español.
스페인어를 배운 지 2년 되었어.

-¿Cuánto tiempo hace que no comes carne de res?
소고기를 먹지 않은 지 얼마나 되었니?
-No como carne de res desde hace seis meses.
소고기를 먹지 않은 지 6개월이 되었어.

> hace + 경과 시간 + que + 동사(과거형)
>
> 동사(과거형) + hace + 시간

이 표현은 동작이나 상태가 과거의 한 시점에서 완료된 후 지금까지 경과한 시간을 나타낸다. 우리말로는 '…한지 …되었다', 혹은 '…전에 …했다'에 해당한다.

-¿Cuánto tiempo hace que se casaron Uds.?
결혼한 지 얼마나 되셨습니까?
-Hace dos años que nos casamos.
결혼한 지 2년 되었습니다.

-¿Cuánto tiempo hace que hablaste con María?

마리아와 통화한 지 얼마나 되었니?

-Hablé con ella hace una hora.

1시간 전에 통화했어.

연습 서로 짝을 지어 다음에 나오는 질문을 하고 대답해 보시오.

1. ¿Cuánto tiempo hace que fuiste al cine?

______________________________________.

2. ¿Cuánto tiempo hace que le escribiste a tu mejor amigo(a)?

______________________________________.

3. ¿Cuánto tiempo hace que fuiste al dentista?

______________________________________.

4. ¿Cuánto tiempo hace que hablaste con tus profesores?

______________________________________.

5. ¿Cuánto tiempo hace que conociste a tu novio(a)?

______________________________________.

03 과거분사

1. 형태

과거분사 규칙형은 동사의 어간에 -ado나 -ido를 붙여서 만든다.

제1변화동사	제2변화동사	제3변화동사
hablado	comido	venido

다음의 동사들은 불규칙 과거 분사형을 갖는다.

abrir	→ abierto	morir	→ muerto
cubrir	→ cubierto	poner	→ puesto
decir	→ dicho	ver	→ visto
escribir	→ escrito	volver	→ vuelto
hacer	→ hecho	romper	→ roto

2. 용법

  스페인어의 과거분사는 형용사처럼 사용될 수 있으며 이 경우 수식하는 명사의 성·수에 일치한다. 또한 estar 동사와 함께 사용되어 주어의 상태를 나타낸다.

  Compré un traje hecho en México.

  나는 멕시코에서 만든 양복을 하나 샀다.

  Le regalé una bicicleta importada a mi hijo .

  나는 아들에게 수입 자전거를 선물했다.

  Amanda está preocupada. 아만다는 걱정을 한다.

  El restaurante está abierto hoy. 그 식당은 오늘 한다.

  Todos los teléfonos están ocupados. 모든 전화가 통화 중이다.

연습 다음 괄호 안에 나오는 동사의 과거 분사형을 쓰시오.

  1. Compré zapatos __________ en China.(hacer)

  2. Tengo una bicicleta __________ por Dai Young.(fabricar)

  3. Leí unas novelas __________ por Isabel Allende.(escribir)

  4. Pedro está __________.(deprimir)

  5. Las muchachas están muy __________.(cansar)

  6. Ayer vi una película __________ por Pedro Almodóvar.(dirigir)

  7. La tienda está __________ hoy.(abrir)

  8. Los vasos están __________.(romper)

1. 형태

스페인어의 현재완료는 'haber 동사의 현재형 + 과거분사'로 이루어진다.

	hablar	comer	vivir
yo	**he** hablado	**he** comido	**he** vivido
tú	**has** hablado	**has** comido	**has** vivido
Ud., él, ella	**ha** hablado	**ha** comido	**ha** vivido
nosotros(as)	**hemos** hablado	**hemos** comido	**hemos** vivido
vosotros(as)	**habéis** hablado	**habéis** comido	**habéis** vivido
Uds., ellos, ellas	**han** hablado	**han** comido	**han** vivido

(1) 과거분사가 현재완료와 같은 복합시제를 위해 사용될 때는 그 형태가 변하지 않는다. 단지 과거분사가 형용사로 사용될 때만 형태가 변화한다.

Ella ha puesto la mesa. 그녀가 상을 차렸다.

La mesa está puesta. 상이 차려져 있다.

(2) 목적 대명사나 재귀 대명사가 현재완료와 함께 쓰이면 haber 동사 앞에 위치한다.

Te he dicho que tus pantalones están encima de la cama.

네 바지는 침대 위에 있다고 너한테 말했잖아.

Concha ya se ha acostado.

꼰차는 이미 잠자리에 들었다.

2. 용법

현재완료는 현재와 관련이 있는 과거 행위 또는 과거 시점에 완료된 동작의 결과로서의 현재 상태를 말한다.

(1) 현재와 관련이 있는 기간에 완료된 동작을 나타낸다. 이 경우 hoy, esta mañana, esta tarde, este año, este mes 등과 같은 표현이 함께 사용된다.(스페인)

Hoy he desayunado huevos con jamón.
나는 오늘 아침으로 햄을 넣은 계란 스크램블을 먹었다.
Hoy he visto a tu hermano. 오늘 나는 네 동생을 보았다.

그러나 중남미에서는 동작이 과거에 완료되었다고 판단되면, 그 시점이 현재와 관련이 있든 없든 단순과거가 사용된다.

Hoy desayuné huevos con jamón.
Hoy vi a tu hermano.

(2) 과거에 완료된 행위의 결과가 현재에 미치고 있음을 나타낸다.
He perdido mi pasaporte.
나는 여권을 잃어버렸다.(그래서 지금 없다.)
El niño ha descompuesto la computadora.
그 아이가 컴퓨터를 고장 냈다.(그래서 지금 고장이 나 있다.)

(3) 과거의 경험을 나타낸다. 이 경우에는 alguna vez, muchas veces, varias veces, dos o tres veces 등과 같은 표현이 함께 사용된다.
-¿Has visitado España? 스페인 가봤니?
-Sí, he visitado España dos veces. 그래, 스페인 두 번 가봤어.

-¿Cuántas veces has ido a ese restaurante? 그 식당에 몇 번 가봤니?
-He ido varias veces. 여러 번 가봤어.

(4) 과거의 동작이나 상태가 현재까지 계속되고 있을 때 사용된다.

Ella ha vivido en Corea trece años.
그녀는 한국에서 13년째 살고 있다.

(5) 지금까지는 일어나지 않았으나 앞으로 일어날 동작을 나타낸다. 이 경우에는 todavía no와 같은 표현이 함께 사용된다.

-¿Ya terminaste la tarea? 숙제 다 했니?
-No, todavía no la he terminado. 아니, 아직 다 못했어.

La profesora llega a las nueve, pero hoy todavía no ha llegado.
선생님은 평소 9시면 오시나 오늘은 아직 안 오셨다.

연습 다음 괄호 안에 나오는 동사의 현재완료형을 쓰시오.

1. Esta semana nosotros __________ mucho.(estudiar)

2. Yo nunca __________ a México.(viajar)

3. Pedro __________ a ese restaurante algunas veces.(ir)

4. Ernesto y yo __________ esa película cuatro veces.(ver)

5. Isabel __________ español tres años.(estudiar)

6. ¿Quién __________ la puerta?(abrir)

7. ¿Dónde __________ Ud. las sillas?(poner)

8. Yo __________ muchas veces a este lugar.(venir)

9. Elena y Carlos no __________ todavía.(casarse)

10. Ramón y Andrea __________ su cuarto muy bien.(limpiar)

05 현재완료와 단순과거의 비교

두 시제 모두 과거에 완료된 동작이나 상태를 나타낼 수 있으나 그 쓰임이 서로 다르다. 중요한 차이점은 동사가 나타내는 과거의 사실이 현재와 관련이 있느냐 하는 여부이다.

1. 현재완료는 아직 끝나지 않은 시간을 나타내는 표현이(hoy, esta mañana, este mes, este año 등) 사용되는 경우가 많으나, 단순과거는 이미 지나간 특정한 시점을 나타내는 표현(ayer, la semana pasada, el mes pasado, el año pasado 등)과 함께 쓰인다.

Esta semana he ido mucho al cine.(이번 주는 아직 끝나지 않았음)
나는 이번 주에 극장에 많이 갔다.
La semana pasada fui mucho al cine.(지난주는 이미 지나버렸음)
나는 지난주에 극장에 많이 갔다.

2. 현재완료는 ya 나 todavía와 같은 표현과 함께 사용되는 경우가 많다.

-¿Ha llegado ya tu padre? 너의 아버지 들어오셨니?
-No, todavía no ha llegado. 아니, 아직 안 들어오셨어.

3. 시간을 나타내는 표현 없이 현재완료가 사용되면 방금 일어난 사실이나 과거의 경험을 나타내고, 단순과거가 사용되면 단순히 과거에 일어난 사실을 나타낸다.

He visto una película de acción.(직전과거 혹은 경험)
나는 방금 액션영화 한 편을 보았다./나는 액션영화를 본 적이 있다.
Ví una película de acción.(¿Qué hiciste anoche?에 대한 대답)
나는 액션영화 한 편을 보았다.

다음 빈칸에 현재완료나 단순과거 중 적당한 시제를 사용하여 문장을 완성하시오.

1. Ayer yo __________ ese disco.(escuchar)

2. Esta semana ellos __________ varias cartas.(recibir)

3. Algunas veces nosotros __________ tu programa.(ver)

4. ¿Qué __________ tú el domingo pasado?(hacer)

5. Pedro todavía no __________.(regresar)

6. Susana nunca __________ a la discoteca.(ir)

06 전치사 por / para의 용법

1. Por

(1) '통과'를 나타낸다.

El ladrón entró por la ventana. 도둑은 창문을 통해 들어왔다.

Este tren pasa por Daegu. 이 기차는 대구를 통과한다.

(2) 어떤 행위에 대한 '이유'를 나타낸다.

Llegamos tarde por la lluvia. 우리는 비 때문에 늦게 도착했다.

(3) '수단'을 나타낸다.

Mis padres quieren enviar mensajes por correo electrónico.
우리 부모님들은 전자우편으로 메시지를 보내고 싶어 하신다.

(4) '교환'의 의미를 갖는다.

Pagué 2000 pesos por ese reloj. 그 시계를 2000페소 주고 샀다.

(5) '기간'을 나타낸다.

Mi hermana trabaja por la mañana. 내 동생은 오전에 일한다.

Voy a estar aquí por una semana. 나는 여기에 1주간 머물 예정이다.

2. Para

(1) '행선지'를 나타낸다.

Mañana salgo para México. 나는 내일 멕시코로 떠난다.

El avión para Buenos Aires sale a las cinco.
부에노스 아이레스 행 비행기는 5시에 출발한다.

(2) '목적'이나 '용도'를 표시한다.

Anoche tuvimos una fiesta para celebrar el cumpleaños de Juan.
어젯밤 우리는 환의 생일을 축하하기 위해 파티를 열었다.

Compré una silla para mi cuarto.
나는 내 방에 놓을 의자 하나를 샀다.

(3) '마감시간'을 나타낸다.

Nosotros tenemos que terminar el trabajo para el lunes.
우리는 월요일까지 그 일을 끝내야 한다.

연습 다음 빈칸에 por나 para 중 적당한 전치사를 쓰시오.

1. Fuimos a Madrid __________ la boda de mi tío.

2. Isabel va a estar en Corea __________ un año.

3. Esta flor es __________ María.

4. Miguel salió __________ la ventana.

5. Eva aprende inglés __________ la noche.

6. He venido __________ ayudar.

7. Jorge pagó __________ el vino.

8. Necesitamos dinero __________ viajar.

과거완료

1. 형태

과거완료는 'haber 동사의 불완료과거 + 과거분사'로 이루어진다.

	dar	beber	ir
yo	**había** dado	**había** bebido	**había** ido
tú	**habías** dado	**habías** bebido	**habías** ido
Ud., él, ella	**había** dado	**había** bebido	**había** ido
nosotros(as)	**habíamos** dado	**habíamos** bebido	**habíamos** ido
vosotros(as)	**habíais** dado	**habíais** bebido	**habíais** ido
Uds., ellos, ellas	**habían** dado	**habían** bebido	**habían** ido

2. 용법

과거완료는 과거의 어떤 동작보다 앞서 일어난 동작을 나타내는 데 사용된다.

Cuando llegué a casa anoche, mi familia ya había cenado.
어젯밤 내가 집에 도착했을 때 우리 가족은 이미 식사를 한 후였다.
Cuando llegamos a la estación, el tren ya había salido.
우리가 역에 도착했을 때 기차는 이미 떠나버렸다.

연습 다음 괄호 안에 나오는 동사의 과거완료형을 쓰시오.

1. Cuando llegué a casa anoche, mi madre ya __________ la comida.
   (hacer)
2. A las once de la noche, ¿ya Uds. __________?(acostarse)
3. Cuando me levanté esta mañana, mis hermanos ya __________.
   (levantarse)

4. Cuando yo llegué a clase, mis amigos ya __________.(llegar)

5. Cuando yo llegué, ella ya __________.(irse)

08 ¿Qué / cuál + ser 동사…?

Qué 나 cuál이 ser 동사와 함께 나오는 경우 그 쓰임이 서로 다르다.

1. Qué는 어떤 대상에 대한 정의를 요구할 때 사용된다.

-¿Qué es la quesadilla? 께사디야가 무엇입니까?

-Es un plato mexicano. 멕시코의 한 음식입니다.

2. Cuál은 여러 개중에서 선택을 요구할 때 사용된다.

-¿Cuál es tu número de teléfono? 네 전화번호가 뭐니?

-Es el 7-83-96-52. 783-9652야.

연습 다음에 qué나 cuál 중에서 적당한 것을 골라 대화를 완성하시오.

1. -¿__________ es tu dirección?

   -Calle Homero, número 23.

2. -¿__________ es la paella?

   -Es un plato español.

3. -¿__________ es su apellido?

   -Es Ramírez.

4. -¿__________ es tu número de teléfono?

   -Es el 7-84-89-12.

5. -¿__________ es la sangría?

   -Es una bebida de frutas y vino tinto.

◆ 전화하기

전화벨이 울릴 때 응답하기

　　-¿Sí?

　　-¿Dígame?(스페인)

　　-¿Hola?(아르헨티나)

　　-¿Aló?(칠레, 페루)

　　-¿Bueno?(멕시코)

누구를 바꿔달라고 할 때

　　-¿Está …, por favor?

　　-¿Puedo hablar con…, por favor?

　　-¿Me pone con …, por favor?

이에 대한 대답

　　-Sí, un momento. 잠깐 기다리십시오.

　　-¿De parte de quién? 누구십니까?

　　-¿Quién habla? 누구십니까?

　　-Lo siento, no está. 안 계십니다.

　　-Lo siento, ha salido. 외출하셨습니다.

　　-Lo siento, no puede ponerse, está ocupado(a).

　　　바빠서 전화를 받을 수 없습니다.

그 밖의 다른 표현

　　-Se ha equivocado. 잘못 거셨습니다.

　　-Lo siento, aquí no es. 여기가 아닙니다.

　　-Él habla. 접니다.

　　-No contestan. 전화를 받지 않습니다.

　　-¿Quiere dejar algún recado(mensaje)?

　　　메모를 남기시겠습니까?

-¿Sí? ¿Dígame? 여보세요.

-¿Está Jesús, por favor? 헤수스 있습니까?

-¿De parte de quién? 누구십니까?

-De Santiago. 산티아고입니다.

-Pues en este momento no puede ponerse. ¿Quieres dejarle algún mensaje? 지금은 전화를 받을 수가 없는데. 메모를 남겨 놓을래?

-No, gracias. Luego le hablo. 됐습니다. 나중에 전화하죠.

연습 서로 짝을 지어 다음과 같은 전화상의 대화를 해보시오.

-¿Sí?

-¡Hola! ¿Está __________?

-No, no está. Lo siento.

-¿A qué hora regresa?

-A las __________.

-Entonces llamo más tarde.

-Muy bien. Adiós.

-¿Aló?

-¡Hola! ¿Está __________?

-Sí. ¿De parte de quién?

-De __________.

-Un momento, por favor.

-Gracias.

-¡__________ ··· al teléfono! Es para ti.

라틴음악과 춤

　스페인어권 국가에는 그 문화적 다양성만큼이나 음악도 매우 다양하게 나타난다. 우선, 스페인을 대표하는 플라멩코(flamenco)는 동양적인 영향이 강하게 나타나는 음악으로 집시들(gitanos)의 애환을 노래하고 있다.

　중남미에는 쿠바의 손(son)이 있는데 아프리카와 쿠바의 토착종교가 혼합된 쌴떼리아(santería)라는 종교에 그 기원을 두고 있다. 우리에게 널리 알려진 살사(salsa)는 중남미를 대표하는 음악으로 앞서 말한 손(son), 카리브지역의 토착음악 그리고 미국의 재즈가 결합된 것으로 쿠바(Cuba) 및 푸에르토리코(Puerto Rico)에서 생겨난 댄스음악이다.

　카리브지역의 도미니카 공화국(República Dominicana)에서 생겨난 메렝게(merengue)는 이 지역의 대중들의 삶과 현실을 노래하고 있는 사회성이 짙은 음악 장르로 산토도밍고대학에서 문학을 전공한 환 루이스 게라(Juan Luis Guerra)가 결성한 4.40(cuatro cuarenta)그룹을 통해 전 세계에 널리 알려져 있다.

　아르헨티나(la Argentina) 하면 생각나는 탱고(tango)는 19세기에 아르헨티나의 리오 델라 플라타(Río de la Plata)에 온 아프리카 노예, 이태리 및 스페인 이민노동자들의 우수가 담긴 음악으로 낭만적이고 관능적인 춤으로 유명하다.

　그 밖에도 멕시코(México)의 마리아치(mariachi), 콜롬비아(Colombia)의 꿈비아(cumbia), 쿠바의 맘보(mambo)와 룸바(rumba) 등이 있다.

LECCIÓN 11

수동태

스페인어의 수동태는 'ser + 과거분사'로 이루어지고, 능동태의 목적어가 수동태의 주어가 되는 문장을 말한다. 이때 능동태의 주어는 por 다음에 나온다. 스페인어에서 수동태는 선호되지 않는다. 영어보다 훨씬 적게 사용된다.

> 능동태: <u>Los alumnos</u> <u>respetan</u> <u>al profesor.</u>
>   주어   타동사   목적어
> 수동태: El profesor **es respetado** por los alumnos.

스페인어의 수동태는 동작의 주체가 아니라 동작을 받는 대상이나 이루어지는 동작을 중심으로 표현하고자 할 때 사용되므로 행위자가 생략되는 경우가 많다.

La casa fue construida en dos meses. 그 집은 두 달 만에 지어졌다.

El libro fue escrito en 1988. 그 책은 1988년에 쓰였다.

연습 다음 문장을 수동태로 고치시오.

1. La profesora explicó el tema.

   ________________________.

2. Cervantes escribió la novela Don Quijote.

   ________________________.

3. Los niños hicieron el barco de papel.

   ________________________.

4. Marta compró el juguete.

   ________________________.

5. Mi hermana preparó la cena.

   ________________________.

02 수동의 se

스페인어에서 동작의 주체를 모르거나 이루어지는 동작에 초점을 맞춰 표현하고자 하는 경우 동사 앞에 재귀 대명사 se를 사용해서 나타낸다. 이때 동사는 동작을 받는 대상, 즉 목적어의 수에 따라 3인칭 단수 혹은 복수형이 된다. 따라서 이 구문은 타동사의 의미상 목적어가 문장의 주어가 되기 때문에 수동의 의미를 나타낸다고 말한다.

Se + 타동사 + 목적어(주어 역할)

Se alquila casa.
세놓습니다.
Se venden periódicos.
신문 팝니다.

-¿A qué hora se abre la oficina de correos?
　우체국은 몇 시에 엽니까?
-Se abre a las nueve de la mañana.
　오전 9시에 엽니다.

-¿A qué hora se cierran los bancos? 은행은 몇 시에 닫습니까?
-Se cierran a las dos de la tarde. 오후 2시에 닫습니다.

-¿Aquí se habla inglés? 여기서는 영어가 사용됩니까?
-No, solo se habla español. 아닙니다, 스페인어만 사용됩니다.

03 비인칭의 se

스페인어에서 특정한 주어를 사용하지 않고 막연히 '사람' 또는 '사람들'을 나타내고자 할 경우, 'se + 동사'로 구성되는 비인칭 구문이 사용된다. 이 경우에 동사는 항상 3인칭 단수형이다.

Se dice que los coreanos son muy trabajadores.

한국 사람들은 아주 근면하다고들 한다.

-¿Cómo se dice 'amigo' en coreano? 한국말로 'amigo'를 뭐라고 하니?

-Se dice 'chinggu'. '친구'라고 해.

연습

다음에 주어진 단어를 사용하여 보기와 같이 문장을 만드시오.

보기) a qué hora / abrir / las tiendas

<u>¿A qué hora se abren las tiendas?</u>

1. ¿qué idioma / hablar / en Chile?

   ____

2. ¿a qué hora / abrir / el cine?

   ____

3. alquilar / departamento(apartamento)

   ____

4. ¿dónde / vender / sellos?

   ____

5. ¿cómo / escribir / tu nombre?

   ____

6. comer / mucho ajo / en Corea

   ____

7. producir / mucho café / en Colombia

   ____

8. bailar / el tango / en Argentina

   ____

9. ¿cómo / decir / 'Salud' / en coreano?

   ____

10. necesitar / secretaria

   ____

04 전치사 a / de / en / con

1. 전치사 a

(1) 움직임을 나타내는 동사와 함께 쓰여 목적지를 표시하거나 동작의 목적을 나타낸다.

Me gusta salir a pasear.
나는 산책하러 나가는 것을 좋아한다.
Anoche fuimos a bailar a la discoteca.
어젯밤 우리는 춤추러 디스코텍에 갔다.
Ayer llegué a la escuela a tiempo.
나는 어제 학교에 정시에 도착했다.

(2) 시간상의 구체적인 위치를 표시한다.

Llegamos a Busán a las cinco de la tarde.
우리는 부산에 오후 5시에 도착했다.

(3) 직접 목적어가 구체적인 사람인 경우에 사용된다.

Te presento a mi hermana, Isabel.
내 동생 이사벨을 소개할게.
Conocí a mi novio en una fiesta.
나는 애인을 한 파티에서 알았어.

(4) 간접 목적어 앞에 사용된다.

Raúl le enseña inglés a su esposa.
라울은 자기 부인에게 영어를 가르친다.
Los alumnos le enviaron unas flores a la maestra.
학생들은 선생님에게 꽃 몇 송이를 보냈다.

(5)

| enseñar |
| aprender + a + 동사원형 |
| empezar |

의 구문을 이룬다.

Mi hermano me enseñó a nadar.

내 동생은 나에게 수영을 가르쳐 주었다.

¿Cómo aprendiste a jugar a las cartas?

어떻게 카드 하는 것을 배웠니?

El niño empezó a caminar cuando tenía cuatro años.

그 아이는 4살 때 걷기 시작했다.

2. 전치사 de

(1) 소유를 나타낸다.

Ésta es la maleta de la profesora Rivas.

이것은 리바스 선생님의 가방이다.

¿De quién es ese coche?

그 차는 누구의 것입니까?

(2) 재료를 나타낸다.

Quiero un suéter de algodón.

면 스웨터 하나를 원합니다.

Me gusta el helado de fresa.

나는 딸기 아이스크림을 좋아한다.

(3) 출신지를 나타낸다.

Este café es de Colombia.

이 커피는 콜롬비아산이다.

¿De dónde vienes a esta hora?

이 시간에 어디서 오는 길이냐?

⑷ 이유, 원인을 나타낸다.

Me muero de hambre.

배고파 죽겠다.

Me alegro mucho de conocerte.

너를 만나 매우 반갑다.

⑸ 내용을 나타낸다.(=sobre)

Ellas siempre hablan de ti.

그녀들은 항상 네 얘기를 한다.

3. 전치사 en

⑴ 2차원 이상의 공간을 나타낸다. 우리말로는 '…에(서)'로 번역된다.

Los chicos juegan al fútbol en el jardín.

애들이 정원에서 축구를 하고 있다.

Lo vi en la mesa.

그것을 책상 위에서 봤다.

Mi madre no está en casa.

어머니는 집에 안 계신다.

⑵ 경과 시간을 나타낸다.

La casa fue construida en dos meses.

그 집은 두 달 만에 지어졌다.

Vuelvo en 5 minutos.

5분 내로 돌아올게.

⑶ 월, 계절, 년을 나타내는 말과 함께 사용된다.

El primer semestre comienza en marzo.

1학기는 3월에 시작한다.

En otoño caen las hojas de los árboles.

가을에는 나뭇잎들이 떨어진다.

Mi hermano nació en 1995.

내 동생은 1995년에 태어났다.

(4) 교통수단을 나타낸다.

Siempre viajábamos en tren.

우리는 항상 기차로 여행하곤 했다.

Pablo siempre va a trabajar en autobús.

빠블로는 항상 버스로 출근한다.

4. 전치사 con

(1) 동반을 나타낸다.

Ellos viven con sus padres.

그들은 부모님과 함께 산다.

No puedo ir contigo al cine.

너와 함께 극장에 갈 수 없어.

(2) 도구, 양태를 나타낸다.

Yo siempre escribo con lápiz.

나는 항상 연필로 쓴다.

Él trabaja con mucho interés.

그는 많은 흥미를 갖고 일한다.

연습 다음 빈칸에 a, de, en, con 중에서 적당한 전치사를 골라 쓰시오.

1. Le he comprado un regalo __________ mi novio.

2. Él viene __________ enseñarnos __________ manejar.

3. Esta falda __________ algodón me gusta más.

4. Conocí __________ mi mujer en una fiesta.

5. Mis padres vinieron __________ mi escuela __________ octubre.

6. Las llaves están __________ el bolsillo __________ mi chaqueta.

7. Ayer llegué __________ clase __________ conversación.

8. Normalmente vengo __________ clase __________ metro.

9. ¿__________ qué hora van __________ empezar __________ trabajar?

10. Hoy me levanté __________ las seis __________ la mañana.

11. Ella siempre habla __________ su novio.

12. Matilde se casó __________ Luis, su compañero de clase.

13. __________ tanto ruido no se puede trabajar.

14. Hay que limpiar la habitación, está llena __________ polvo.

15. Esta novela es __________ Juana Garriga, una escritora nueva.

의사소통 활동

◆ 초대하기

제안하기
-¿Vienes …?
-¿Quieres venir …?
-¿Vamos a…?

수락하기
  -Vale(스페인)
  -De acuerdo
  -Bueno

거절하기
  -No, gracias…
  -Lo siento, no puedo

-¿Quieres tomar café? 커피 마실래?

-No, gracias. No tomo café. 아니, 난 커피 안 마셔.

-¿Y un té? 그럼, 차는?

-Bueno, un té, sí, gracias. 그래, 차 한 잔 마시자.

-¿Quieres ir al cine el domingo? 일요일에 극장에 갈래?

-Lo siento. Tengo que ir a casa de mis abuelos.
 안돼. 할아버지 댁에 가야 하거든.

-¿Y el sábado? 그럼, 토요일은 어때?

-De acuerdo. El sábado. 좋아. 토요일 날 가자.

연습 두 사람씩 짝을 지어 주말 계획을 세워 상대방에게 제안해보시오.

1. ir a la discoteca

2. jugar al tenis

3. ir al parque

4. estudiar en mi casa

5. ir a ver un partido de beisbol

◆ 이유 묻고 말하기

> -¿Por qué…?
> -Porque…

-¿Por qué no viniste a la fiesta? 왜 파티에 안 왔니?

-Porque tuve que trabajar. 일해야 했기 때문이야.

연습 다음 질문에 적당한 대답을 보기에서 골라 답하시오.

보기)　a. Porque vivo muy lejos.

　　　　b. Porque está de viaje.

　　　　c. Porque fui a la fiesta de cumpleaños de un amigo.

　　　　d. Porque me gusta mucho.

　　　　e. Porque no tengo hambre.

1. -¿Por qué llegaste tan tarde a casa?

　　-_______________________________________.

2. -¿Por qué no invitas a Juan a la fiesta del sábado?

　　-_______________________________________.

3. -¿Por qué no quieres cenar?

　　-_______________________________________.

4. -¿Por qué llegas siempre tarde a clase?

　　-_______________________________________.

5. -¿Por qué vas al cine todas las semanas?

　　-_______________________________________.

중남미 사회의 인간관계

중남미는 우리처럼 학교나 직장 등 같은 곳에서 일하는 사람들이 집단을 만들어 외부의 것을 배제하는 폐쇄사회가 아니고 각 개인이 자신을 중심으로 선택적으로 인간관계를 넓혀 가는 네트워크 사회이다. 혈연에 기초한 친족을 시작으로 영세나 결혼식에서의 대부모 관계, 여기에 친구 관계로 중남미 사람들의 인간관계 네트워크는 확대된다.

중남미 사회에서 성공하기 위해서나 인생을 즐겁게 하기 위해서는 믿고 의지할 수 있는 친구를 얻는 것이 필수적이다. 모든 공적인 관계가 업무를 중심으로 이루어지는 서구 사회와는 달리 이들 국가에서는 국가, 기업체, 관료조직 등 비인격적인 것을 믿지 않고 가족이나 친구와 같은 인간관계를 중심으로 이루어지기 때문이다.

이로 인한 폐단도 적지 않다. 정부, 기업, 학교 등 어디에서나 지도적 위치에 있는 사람들은 자신의 친족, 친구들을 실력에 맞지 않는 높은 자리에 앉혀 족벌을 형성하는 경우가 많다. 사회 전체에 어느 정도 용인된 이러한 족벌주의로 인해 행정의 연속성이 상실되고, 실력과 경험이 없는 사람의 등용으로 행정의 효율성이 저하됨은 물론 임기 동안에 지위를 이용한 부정부패가 만연한다.

LECCIÓN 12

01

접속사와 관계 대명사 que

스페인어의 que는 문장에서 영어의 that과 같이 명사절을 유도하는 접속사나 관계 대명사로서 기능을 한다. 따라서 문장에 나오는 que가 어떤 기능을 하는지를 구별하는 것이 필요하다.

1. 접속사 que

접속사란 두 단어 혹은 두 문장을 이어주는 역할을 한다. 접속사로서 que는 문장에서 주로 주어나 목적어 역할을 하는 명사절을 이끈다.

Es verdad que Juan no sabe manejar.(주어)
환이 운전할 줄 모른다는 것은 사실이다.
Creo que hoy no va a llover.(목적어)
나는 오늘 비가 오지 않을 것으로 생각한다.
Ella me dice que quiere aprender español.(목적어)
그녀는 나에게 스페인어를 배우고 싶다고 말한다.

2. 관계 대명사 que

관계 대명사는 공통적인 요소(주로 명사나 대명사)를 갖는 두 문장을 연결하는 기능을 한다.

¿Cómo se llama la profesora? 그 선생님 이름이 뭐니?
La profesora enseña español. 그 선생님은 스페인어를 가르친다.
 → ¿Cómo se llama la profesora que enseña español?
   스페인어를 가르치는 그 선생님 이름이 뭐니?

위의 예에서처럼 관계 대명사 que가 이끄는 문장은 앞에 나오는 명사를 수식하는 역할을 하므로 형용사절이라 부르고 수식을 받는 명사는 선행사라고 한다.

-¿Quién es el chico que tiene ojos azules?

파란 눈을 가진 그 아이가 누구니?

-Es el hermano de Marta.

마르따 동생이야.

-¿Cuál es la comida coreana que más te gusta?

네가 가장 좋아하는 한국음식은 뭐니?

-Es el bulgogi.

불고기야.

연습 다음 문장에 나오는 que가 관계 대명사인지 아니면 명사절을 이끄는 접속사인지를 구별하고 우리말로 번역하시오.

1. El fútbol es el deporte que más me gusta.

    _______________________________________.

2. Pablo Neruda era un poeta que ganó el Premio Nobel.

    _______________________________________.

3. Se dice que los coreanos son muy trabajadores.

    _______________________________________.

4. Juan cree que su novia ya no lo quiere.

    _______________________________________.

5. Carmen dice que los latinoamericanos son optimistas.

    _______________________________________.

6. ¿Dónde están los libros que compraste ayer?

    _______________________________________.

02

미래시제

미래시제는 단순히 미래의 계획을 나타내거나 현재 사실을 추측하는 데 사용되며, 동사의 어간에 모든 변화형 동사의 공통적인 미래형 어미를 붙여서 만든다.

1. 규칙 미래형

스페인어 대부분의 동사는 규칙 미래형을 갖는다. 규칙동사의 미래형 어간은 동사원형이고 여기에 미래형 어미를 붙이면 규칙 미래형이 된다.

yo	jugar**é**
tú	comer**á**s
Ud., él, ella	dormir**á**
nosotros(as)	lavar**emos**
vosotros(as)	beber**éis**
Uds., ellos, ellas	ir**á**n

※ 1인칭 복수형에는 엑센트가 없음에 유의

-¿Cuándo te casarás? 언제 결혼할 거니?

-Me casaré después de terminar mis estudios.
　학업을 마친 다음에 결혼할 거야.

-¿Qué clases tomarás el próximo semestre?
　다음 학기에 어떤 수업을 들을 거니?

-No sé. Lo decidiré pronto.
　몰라. 곧 결정할 거야.

-¿Qué hora será? 몇 시쯤 되었을까?

-Han de ser las tres. 세 시쯤 되었을 거야.

2. 불규칙 미래형

다음은 불규칙 미래형을 갖는 동사들이다. 이들은 어간으로 동사원형의 변형된 형태를 가지나 어미는 규칙동사와 동일하다.

decir	dir-	diré, dirás, dirá, diremos, diréis, dirán
hacer	har-	haré, harás, hará, haremos, haréis, harán
poder	podr-	podré, podrás, podrá, podremos, podréis, podrán
poner	pondr-	pondré, pondrás, pondrá, pondremos, pondréis, pondrán
saber	sabr-	sabré, sabrás, sabrá, sabremos, sabréis, sabrán
salir	saldr-	saldré, saldrás, saldrá, saldremos, saldréis, saldrán
tener	tendr-	tendré, tendrás, tendrá, tendremos, tendréis, tendrán
venir	vendr-	vendré, vendrás, vendrá, vendremos, vendréis, vendrán

-¿Qué le dirás a la profesora?

　선생님에게 무슨 말을 할 거니?

-Le diré que no podré venir a la clase mañana.

　선생님에게 내일 수업에 못 온다고 말씀드릴 거야.

-¿Quién hará la comida?

　누가 음식을 만들 거니?

-La haremos Susana y yo.

　나와 수사나가 만들 거야.

-¿Cuándo vendrás a mi casa?

　언제 우리 집에 올 거니?

-Iré la próxima semana.

　다음 주에 갈게.

-¿Dónde pondrás la lavadora?

　세탁기를 어디에 놓을 거니?

-La pondré en el baño.

　화장실에 놓을 거야.

-¿A qué hora saldrás de la oficina?

　몇 시에 퇴근할 거니?

-Saldré a las seis de la tarde.

　여섯 시에 퇴근할 거야

-¿Qué edad tendrá el esposo de Ana?

　아나의 남편은 나이가 얼마나 됐을까?

-Ha de tener treinta años.

　30살쯤 됐을 거야.

　미래시제 이외에 미래에 일어날 동작을 나타내는 표현으로 'ir a + 동사원형'이 있다. 구어체에서는 미래형보다는 'ir a + 동사원형'의 표현이 더 많이 사용된다. 또한 가까운 미래는 직설법 현재형을 사용하여 나타낸다.

　　Esta tarde saldré contigo. = Esta tarde voy a salir contigo.

　　오늘 오후에 너랑 데이트를 할 것이다.

　　Ellos salen para España mañana.

　　그들은 내일 스페인으로 떠난다.

연습　다음의 문장을 동사의 미래형을 사용하여 다시 쓰시오.

　1. Te voy a decir la verdad.

　　　_______________________________.

　2. Ella va a salir con Mario mañana.

　　　_______________________________.

3. ¿Qué van a hacer Uds.?

　　—————————————————.

4. Lo van a saber mañana.

　　—————————————————.

5. Voy a invitar a todos mis amigos.

　　—————————————————.

6. No vas a poder venir esta tarde.

　　—————————————————.

7. Voy a tener que estudiar.

　　—————————————————.

8. Van a volver a las cinco.

　　—————————————————.

9. Nosotros vamos a venir con él.

　　—————————————————.

10. ¿Dónde lo vas a poner?

　　—————————————————.

연습 다음 보기와 같이 여러분들의 방학 계획을 다섯 가지만 써보시오.

보기) En las vacaciones de invierno jugaré al baloncesto todos los
　　　 sábados.

1. —————————————————

2. —————————————————

3. —————————————————

4. —————————————————

5. —————————————————

 조건문

Si 주어 + 동사(현재)···,　　주어 + 동사(미래형)···
　　　조건절　　　　　　　　　　주절

　이 구문은 어떤 조건이 충족되었을 때 이루어지는 미래의 사실을 표현하는 데 사용된다.

　Si hace buen tiempo, saldremos a pasear.
　날씨가 좋으면 우리는 산책을 나갈 것이다.
　Si me llamas esta tarde, iré contigo al dentista.
　오후에 나한테 전화하면 같이 치과에 가줄게.

연습 다음 문장을 보기와 같이 조건문으로 만드시오.

보기) tú / llamar a la policía : la policía / resolver / tus problemas
　　　Si tú llamas a la policía, resolverá tus problemas.

1. tú / levantarse tarde : tú / llegar tarde / a la clase
　→ ____.

2. yo / terminar el trabajo : yo salir contigo
　→ ____.

3. nosotros / aprobar el examen : nosotros / hacer una fiesta.
　→ ____.

4. Uds. / beber un poco de té : Uds. / sentirse mejor
　→ ____.

5. tú / no ponerse el abrigo : tú / enfermarse
　→ ____.

6. ellos / ir : Uds. / poder verlos

→ _________________________________.

7. Uds. / trabajar mucho : Uds. / tener éxito

→ _________________________________.

8. hacer buen tiempo : Miguel y Juan / ir a la playa

→ _________________________________.

9. llover : nosotros / hacer la fiesta adentro

→ _________________________________.

10. tú / poder : nosotros / ir a pescar

→ _________________________________.

04 조건시제

1. 조건시제 규칙형

조건시제 규칙형은 미래형처럼 동사원형에 조건시제 어미를 붙여 만든다. 이 어미 역시 제1, 2, 3 변화 동사에 공통적이다.

yo	hablaría
tú	aprenderías
Ud., él, ella	iría
nosotros(as)	estudiaríamos
vosotros(as)	beberíais
Uds., ellos, ellas	serían

2. 조건시제 불규칙형

미래형이 불규칙인 동사는 조건시제도 불규칙이며 그 어간 또한 동일하다. 따라서 미래형 불규칙 동사의 어간에 조건시제 어미를 붙이면 된다.

decir	dir-	diría, dirías, diría, diríamos, diríais, dirían
hacer	har-	haría, harías, haría, haríamos, haríais, harían
poder	podr-	podría, podrías, podría, podríamos, podríais, podrían
poner	pondr-	pondría, pondrías, pondría, pondríamos, pondríais, pondrían
saber	sabr-	sabría, sabrías, sabría, sabríamos, sabríais, sabrían
salir	saldr-	saldría, saldrías, saldría, saldríamos, saldríais, saldrían
tener	tendr-	tendría, tendrías, tendría, tendríamos, tendríais, tendrían
venir	vendr-	vendría, vendrías, vendría, vendríamos, vendríais, vendrían

3. 용법

(1) 주절이 과거이고 종속절이 과거에서 본 미래를 나타낼 때 사용된다.

Juan dijo que lavaría los platos.
환은 자기가 설거지를 하겠다고 말했다.

Ayer me dijiste que vendrías a las tres de la tarde.
어제 너는 나에게 오후 3시에 오겠다고 말했다.

Ella prometió que iría conmigo al parque de diversiones.
그녀는 나와 함께 놀이공원에 가기로 약속했다.

(2) 가상의 상황을 표현한다.

Yo no diría eso. 나 같으면 그런 말을 하지 않을 것이다.
Yo no comería en la cafetería ; comería en mi casa.
나라면 그 식당에서 식사를 하지 않고 집에서 할 것이다.

(3) 정중한 표현에 사용된다.

¿Me podría traer un vaso de agua, por favor?

저한테 물 한 잔 가져다주시겠습니까?

¿Me podría pasar la sal, por favor?

저에게 소금 좀 주시겠습니까?

연습 다음 빈칸에 조건시제의 적당한 형태를 쓰시오.

1. Yo en tu lugar __________ más puntual.(ser)

2. Su esposo le prometió que __________ a las seis.(llamar)

3. ¿__________Ud. darme más pan, por favor?(poder)

4. Yo __________ con su familia primero.(hablar)

5. Ella dijo que __________ la habitación.(limpiar)

6. Me __________ ir de vacaciones a Barcelona.(gustar)

7. Ella prometió que __________ arroz con pollo el domingo.(cocinar)

8. Dijeron que nosotros __________ problemas con Ricardo.(tener)

9. Él estaba enfermo pero dijo que __________ a la escuela.(ir)

10. Elsa __________ clases de español.(tomar)

의사소통 활동

◆ 미래 예측

> En 10 años yo seré periodista y trabajaré para el periódico *El Mundo.*
>
> 10년 있으면 난 신문기자가 되어 El Mundo사에서 일할 것이다.

연습 10년 후의 각자의 장래를 말해보시오.

◆ 감정표현

기쁨
-¡Qué bien! ¡Qué suerte!

놀람
-¡No me digas!

안도
-¡Menos mal!

슬픔/위로
-¡Qué pena!
-¡Qué mala suerte!

연습 다음에 제시된 상황에 적절한 대답을 보기에서 골라 쓰시오.

보기) ¡No me digas!, ¡Qué suerte!, ¡Qué bien!
¡Qué pena!, ¡Qué mala suerte!

1. -Se ha muerto mi perro.

   -_______________________

2. -He perdido el tren.

   -_______________________

3. -Me saqué la lotería.

   -_______________________

4. -El próximo domingo viene mi novio.

   -_______________________

5. -Juan está subiendo al Everest

   -_______________________

피에스타(fiesta)의 행복한 세계

　　스페인어권 사람들만큼 파티(fiesta)를 즐기는 민족도 드물 것이다. 마을이나 도시의 수호성인을 모시는 종교축제(carnaval)에는 축제를 주재하는 사람이 재산을 내놓기도 하고 준비하는 사람들은 축제 준비에 헌신한다. 생일, 결혼식 등 일상에서 일어나는 모든 기회를 잡아 가정이나 살롱에서 열리는 fiesta도 마치 축제처럼 성대히 치르는데, 모든 친지, 대부모, 친구 그리고 이웃사촌까지 초대해서 밤새도록 먹고, 마시고, 춤추고, 이야기하며 보낸다. 파티에는 항상 댄스음악이 흐르고 시간이 갈수록 분위기는 고조된다. 사람들은 이런 분위기 속에서 일상적인 고통을 잊고, 마시고, 웃고, 춤춘다. 스페인어권 국가에서는 사람들이 불공평한 현실에서 겪는 슬픔과 분노를 일상성을 탈피하는 fiesta를 통해서 승화시키고, 이러한 메커니즘을 통해 사회는 균형을 유지해간다.

LECCIÓN 13

접속법

  지금까지는 실제적이고 명확한 사실을 표현하는 데 사용되는 직설법을 공부했다. 이제부터는 화자가 보기에 실제적이지 않고 가상적인 사실을 나타내는 데 쓰이는 접속법을 보기로 하자.

<u>Quiero</u> <u>que vuelvas pronto</u>. 나는 네가 빨리 돌아오기를 원한다.
  주절   종속절

  위의 문장에서 주절의 동사는 직설법 현재형이나 종속절의 동사는 직설법이 아닌 접속법의 형태를 취하고 있다. 이것은 주절의 동사가 종속절에서 접속법을 요구하기 때문이다. 여기서 접속법이 사용된 것은 종속절의 동사가 나타내는 동작이 실제로 지금 일어나고 있는 것이 아닌 앞으로 일어나기를 바라는 것이기 때문이다. 이렇듯 스페인어의 접속법은 주로 종속절에서 사용되며, 종속절에서 동사가 직설법 형태를 취하느냐 아니면 접속법 형태를 취하느냐는 주절의 동사 의미에 의해 결정된다.

접속법 현재

1. 형태

  접속법 현재는 직설법 현재 1인칭 단수형에서 어미 -o를 떼어내고 여기에 접속법 현재형의 어미를 붙이면 된다.

제1변화동사	제2변화동사	제3변화동사
habl -e	com -a	viv -a
habl -es	com -as	viv -as
habl -e	com -a	viv -a
habl -emos	com -amos	viv -amos
habl -éis	com -áis	viv -áis
habl -en	com -an	viv -an

⑴ 직설법 1인칭 단수형이 불규칙인 동사

다음은 직설법 1인칭 단수형이 불규칙인 동사이다.

동사	직설법 현재 1인칭 단수	어간	접속법 현재
decir	digo	dig-	diga, -as, -a, -amos, -áis, -an
hacer	hago	hag-	haga, -as, -a, -amos, -áis, -an
traer	traigo	traig-	traiga, -as, -a, -amos, -áis, -an
venir	vengo	veng-	venga, -as, -a, -amos, -áis, -an
salir	salgo	salg-	salga, -as, -a, -amos, -áis, -an
conocer	conozco	conozc-	conozca, -as, -a, -amos, -áis, -an
oír	oigo	oig-	oiga, -as, -a, -amos, -áis, -an
tener	tengo	teng-	tenga, -as, -a, -amos, -áis, -an

⑵ 철자변화 동사

다음은 접속법 현재형에서 철자가 변화하는 동사이다.

동사	직설법 현재 1인칭 단수	어간	접속법 현재
buscar	busco	busc-	**busque**, -es, -e, -emos, -éis, -en
llegar	llego	lleg-	**llegue**, -es, -e, -emos, -éis, -en
pagar	pago	pag-	**pague**, -es, -e, -emos, -éis, -en
empezar	empiezo	empiez-	**empiece**, -es, -e, -emos, -éis, -en

※ empezar 동사의 접속법 현재 1, 2인칭 복수형은 각각 empecemos, empecéis이다.

 다음 동사의 접속법 현재형을 말하시오.

	Yo / Él / Ud.	Nosotros	Ellas / Uds.
1. estudiar	________	________	________
2. leer	________	________	________
3. escribir	________	________	________
4. vivir	________	________	________
5. recibir	________	________	________
6. traer	________	________	________
7. venir	________	________	________
8. decir	________	________	________
9. ver	________	________	________
10. pagar	________	________	________
11. oír	________	________	________
12. escuchar	________	________	________
13. empezar	________	________	________
14. conocer	________	________	________
15. hacer	________	________	________
16. poner	________	________	________
17. tener	________	________	________
18. salir	________	________	________
19. esperar	________	________	________
20. llegar	________	________	________

⑶ 어간변화 동사

　직설법 현재형에서 어간이 변화하는 제 1변화 및 제 2변화 동사는 접속법 현재형에서도 어간이 변화한다.

recomendar	entender	poder	volver
recomiende	entienda	pueda	vuelva
recomiendes	entiendas	puedas	vuelvas
recomiende	entienda	pueda	vuelva
recomendemos	entendamos	podamos	volvamos
recomendéis	entendáis	podáis	volváis
recomienden	entiendan	puedan	vuelvan

　직설법 현재형에서 어간이 변하는 제 3변화 동사도 접속법 현재형에서 어간이 변하나 1, 2인칭 복수형에서 e가 i로 변하고, o가 u로 변한다.

sentir	dormir	morir
sienta	duerma	muera
sientas	duermas	mueras
sienta	duerma	muera
sintamos	durmamos	muramos
sintáis	durmáis	muráis
sientan	duerman	mueran

⑷ 불규칙 동사

다음은 접속법 현재형이 불규칙인 동사들이다.

dar	estar	saber	ser	ir	haber
dé	esté	sepa	sea	vaya	haya
des	estés	sepas	seas	vayas	hayas
dé	esté	sepa	sea	vaya	haya
demos	estemos	sepamos	seamos	vayamos	hayamos
deis	estéis	sepáis	seáis	vayáis	hayáis
den	estén	sepan	sean	vayan	hayan

연습 다음에 나오는 동사의 접속법 현재형을 쓰시오.

	Yo / Ella	Tú	Ellas /Uds.
1. sentir	_________	_________	_________
2. ir	_________	_________	_________
3. dar	_________	_________	_________
4. ser	_________	_________	_________
5. estar	_________	_________	_________
6. morir	_________	_________	_________
7. saber	_________	_________	_________
8. encontrar	_________	_________	_________
9. cerrar	_________	_________	_________
10. dormir	_________	_________	_________
11. querer	_________	_________	_________
12. despertar	_________	_________	_________
13. poder	_________	_________	_________

14. entender   ________   ________   ________

15. pedir   ________   ________   ________

16. pensar   ________   ________   ________

17. recomendar   ________   ________   ________

18. volver   ________   ________   ________

19. probar   ________   ________   ________

20. perder   ________   ________   ________

03 용법

종속절에서 접속법을 사용해야 하는 경우는 다음과 같다.

1. 주절에 희망, 명령, 충고, 요구 등을 나타내는 동사가 나오는 경우 종속절에서 접속법이 사용된다.

> querer(원하다)
> desear(원하다)   + QUE + 접속법
> esperar(기대하다)

Quiero que te acuestes temprano.

나는 네가 일찍 자기를 원한다.

Mis padres desean que termine mis estudios pronto.

우리 부모님들은 내가 빨리 공부를 마치기를 바라신다.

Espero que todos saquen buenas notas en el examen.

나는 모두가 시험에서 좋은 성적을 받기를 기대한다.

Querer, desear, esperar 동사는 주절의 주어와 종속절의 주어가 다른 경우에만 접속법이 사용되고 주어가 같은 경우에는 동사원형이 바로 나온다.

Quiero(yo) que aprendas(tú) español.

나는 네가 스페인어를 배우기를 원한다.

Quiero(yo) que (yo) aprenda español.(x)

나는 스페인어를 배우고 싶다.

   →Quiero aprender español.(o)

decir(말하다: 명령)

(간접목적대명사) + aconsejar(충고하다)+(a 간접목적어)+QUE + 접속법

recomendar(권고하다)

pedir(요구하다)

이 구문에서는 주절의 간접목적어가 종속절의 주어와 동일하기 때문에 종속절에는 주어가 사용되지 않는다.

Mis padres me dicen que no coma tantos dulces.

우리 부모님은 나에게 사탕을 너무 많이 먹지 말라고 하신다.

El profesor me recomienda que lea periódicos en español.

선생님은 나에게 스페인어 신문을 읽으라고 권하신다.

El médico nos aconseja que no fumemos.

의사 선생님은 우리에게 담배를 피우지 말라고 충고한다.

La profesora le pide a Luis que borre la pizarra.

선생님은 루이스에게 칠판을 닦으라고 하신다.

연습 다음의 질문에 주어진 문장을 사용하여 보기와 같이 답하시오.

보기) -¿Qué deseas? / tú, llegar pronto a casa

   -Deseo que llegues pronto a casa.

1. -¿Qué quiere el jefe? / yo, ser más puntual

   -___________________________________

2. -¿Qué desean Uds.? / todo el mundo, ser más feliz.

   -___________________________________

3. -¿Qué esperas? / mi novia(o), volver pronto

   -___________________________________

4. -¿Qué quiere tu profesor? / nosotros, no hablar coreano en clase

    -____

5. -¿Qué te dicen tus padres? / yo, manejar con cuidado

    -____

6. -¿Qué te aconseja el médico? / yo, comer más legumbres

    -____

7. -¿Qué te recomienda el dentista? / yo, lavarse los dientes después de comer.

    -____

8. -¿Qué te pide el vecino? / yo, no hacer ruido en la noche.

    -____

2. 주절에 기쁨이나 유감 등과 같은 감정을 나타내는 동사가 오면 종속절에는 항상 접속법이 사용된다.

> sentir(유감이다)
> alegrarse de(기쁘다) + QUE + 접속법
> sorprender(놀라다)

Siento que Miguel no venga hoy.

미겔이 오늘 오지 않아 유감이다.

Me alegro mucho de que vayas a Guadalajara.

네가 과달라하라에 가게 되어 매우 기쁘다.

Me sorprende que ella no quiera venir a verme.

그녀가 나를 보러 오기를 원하지 않는다니 놀랍다.

'alegrarse de…'는 주절의 주어와 종속절의 주어가 동일하면 동사원형이 쓰인다.

Me alegro de que estés aquí. 나는 네가 여기에 있게 되어 기쁘다.

  (yo)   (tú)

<u>Me alegro</u> de <u>estar aquí</u>. 내가 여기에 있게 되어 기쁘다.
  (yo)   (yo)

연습 다음에 주어진 문장을 보기와 같이 다시 쓰시오.

보기) Me alegro de que··· / tú, estar mejor.

Me alegro de que estés mejor.

1. Me alegro de que··· / nosotros, poder ir a Cancún.

   ____

2. Siento que··· / Julia, no venir hoy.

   ____

3. Me alegro de que··· / hacer buen tiempo hoy.

   ____

4. Siento que··· / tú, no poder quedarse más tiempo.

   ____

5. Me sorprende que··· / tú, no querer venir aquí.

   ____

3. 주절에 종속절의 내용에 대한 의구심, 의혹, 부정을 나타내는 동사가 나오면 종속절에 접속법이 사용된다.

> dudar(의심하다) + QUE + 접속법

Dudo que el supermercado esté abierto a esta hora.
이 시간에 슈퍼마켓이 할 거라고는 생각하지 않는다.

그러나 주절에 확신을 나타내는 동사가 오면 종속절에 직설법이 쓰인다.

> estar seguro(a) de(확신하다) + QUE + 직설법

Estoy seguro de que hay habitaciones libres en el hotel.
나는 호텔에 빈방이 있을 거라 확신한다.

주절에 의혹을 나타내는 부정문이 오면 종속절에 접속법이 사용된다.

> no creer(…라고 생각하지 않다) + QUE + 접속법

No creo que Minsu hable español mejor que Suni.
나는 민수가 순이보다 스페인어를 더 잘 한다고 생각하지 않는다.

그러나 주절에 믿음을 나타내는 말이 오면 종속절에 직설법이 쓰인다.

> creer(…라고 생각하다) + QUE + 직설법

Creo que podemos alquilar un coche en México.
나는 우리가 멕시코에서 차를 한 대 빌릴 수 있을 것으로 생각한다.

주절에 종속절의 내용을 부인하는 말이 나오면 종속절에 접속법이 사용된다.

> No es verdad(사실이 아니다) + QUE + 접속법

No es verdad que Busán sea más grande que Seúl.
부산이 서울보다 더 크다는 것은 사실이 아니다.

그러나 종속절의 내용을 확인해주는 말이 나오면 직설법이 사용된다.

> Es verdad(사실이다) + QUE + 직설법

Es verdad que no se aceptan tarjetas de crédito en el hotel.
그 호텔에서 신용카드를 받지 않는다는 것은 사실이다.

다음 빈칸에 괄호 안에 나오는 동사의 올바른 현재시제를 쓰시오.

1. Es verdad que no le __________ vivir en esta ciudad.(gustar)

2. No creo que mis hijos __________ llegar aquí a tiempo.(poder)

3. Dudo que el banco __________ abierto a esta hora.(estar)

4. Creo que Pedro __________ negocios con mexicanos.(hacer)

5. Estoy seguro de que Rosa __________ una persona muy activa.(ser)

6. Dudo que los mexicanos __________ a fiestas todos los días.(ir)

7. Es verdad que ella __________ mucha hambre.(tener)

8. No estoy seguro de que ella __________ conmigo a cenar.(salir)

9. No es verdad que el profesor __________ a su país.(regresar)

10. Creo que Isabel __________ aprender a nadar.(querer)

4. 부사절에서 사용되는 접속법

(1) 시간을 표현하는 종속절의 내용이 미래에 일어날 사실을 나타내면 접속법이 사용된다.

cuando(…할 때)

tan pronto como(…하자마자)

antes de que(…하기 전에)　　　+　접속법

después de que(…한 후에)

hasta que(…할 때까지)

Voy a mandarte una postal cuando llegue a la Argentina.

아르헨티나에 도착하면 너에게 우편엽서를 보낼게.

Cuando vaya a México, probaré los tacos.

나는 멕시코에 가면 따꼬를 먹어볼 것이다.

Te llamaré tan pronto como llegue al aeropuerto.

공항에 도착하자마자 너한테 연락할게.

Voy a limpiar mi cuarto antes de que lleguen mis amigos.

친구들이 오기 전에 방을 청소해야겠다.

Voy a salir después de que regresen mis padres.

나는 부모님들이 돌아온 후에 외출할 것이다.

Te voy a esperar hasta que termines la tarea.

나는 네가 숙제를 다 할 때까지 기다릴게.

연습 다음 빈칸에 적당한 접속법 현재형을 쓰시오.

1. No cenaremos hasta que __________ papá.(venir)

2. Te llamaré tan pronto como __________ el resultado.(saber)

3. Iremos a la playa, cuando __________ buen tiempo.(hacer)

4. Me acostaré después de que __________ mis hijos.(llegar)

5. Voy a terminar esto antes de que __________ la película.(empezar)

(2) 목적이나 양보를 나타내는 종속절에서 접속법이 사용된다.

para	+	동사원형(주어가 같은 경우)
para que	+	접속법(주어가 다른 경우)

María y Pablo están ahorrando dinero para casarse.

마리아와 빠블로는 결혼하기 위해 돈을 모으고 있다..

Voy a abrir la otra ventana para que entre más aire.

공기가 더 들어오도록 다른 창문을 열겠다.

aunque	+	접속법

Aunque esté cansado, seguiré trabajando.

나는 아무리 피곤해도 계속해서 일할 것이다.

다음 빈칸에 적당한 동사형을 쓰시오.

1. Daré un paseo por el parque aunque _________ mal tiempo.(hacer)

2. Mi padre trabaja mucho para que mi familia ________ bien.(vivir)

3. Haré el ejercicio aunque _________ difícil.(ser)

4. Ellos aprenden español para ________ en México.(trabajar)

5. Te doy mi dirección para que me _________.(escribir)

의사소통 활동

◆ 의견 말하기

> Yo creo que es un tema interesante.
> 나는 그것이 흥미로운 주제라고 생각한다.
> Me parece que no hay solución.
> 해결책이 없는 것 같다.
> No pienso que sea tan importante.
> 나는 그것이 그렇게 중요하다고 생각하지 않는다.

◆ 기대(바람) 표시하기

> Quiero que seas feliz. 나는 네가 행복하기를 원한다.
> Quiero ser feliz. 나는 행복해지고 싶다.
> Deseo que tengas mucha suerte. 너에게 행운이 있기를 바란다.
> Deseo tener mucha suerte. 나에게 행운이 있기를 바란다.
> Espero que ganes mucho dinero. 네가 돈을 많이 벌기를 기대한다.
> Espero ganar mucho dinero. 나는 돈을 많이 벌었으면 한다.

◆ 충고(권고)하기

> Te aconsejo que no fumes. 담배를 피우지 말아라.
> Te recomiendo que viajes a otros países.
> 다른 나라들을 여행해 봐라.

연습 두 사람씩 짝을 지어 상대방에게 바라는 바를 한 가지씩 말하시오.

예) Quiero que no hables tanto en la clase.

연습 학교 후배에게 하고 싶은 충고 한 마디를 쓰시오.

예) Te aconsejo que estudies español.

문화상식

혼혈문화

중남미 문화를 특징짓는 요소는 혼혈(mestizaje)이다. 우선, 인적구성을 보면 아메리카 원주민, 아프리카 노예, 유럽 이민자들 사이에서 생긴 혼혈인들(mestizo)이 주류를 이루고 있으며, 문화도 이 세 요소가 서로 혼합되어 탄생한 혼혈문화이다. 물론 인종 면에 있어서 유럽계 인종이 중남미 사회의 지배층을 형성하듯이 문화에 있어서도 이베리아 반도의 문화적 전통이 지배적인 요소로서 작용하고 있다. 따라서 원주민 및 아프리카에서 건너온 흑인들의 문화는 주로 기층문화로서 그 기능을 한다. 현재의 언어, 종교, 법, 교육, 정치, 경제, 사회제도 등은 이베리아 반도의 전통에 뿌리를 둔 것이다. 그러나 이러한 제도들이 이베리아 반도의 그것을 그대로 옮겨놓은 것들이 아니라 여기에 원주민의 제도나 전통이 가미되어 오늘에 이르고 있다.

현재 중남미 문화를 외형상으로 보면 유럽적인 요소가 주류를 이루는 것 같지만 좀 더 깊이 들어가면 아메리카, 아프리카, 유럽의 문화적 요소가 다양하게 혼재되어 있음을 알 수 있다. 종교의 경우를 보더라도 식민 초기부터 유럽의 종교인 카톨릭이 뿌리를 내리기 시작하여 거의 모든 스페인 및 포르투갈의 식민지에서 국교가 되었다. 그러나 여기에도 원주민이나 흑인의 종교적 전통들이 혼합되어 있다. 현재에 남아 있는 식민지 시대의 건축물도 유럽의 바로크 양식이지만, 이것이 원주민들에 의해 지어진 까닭에 중남미적인 요소가 첨가되어 유럽의 그것과는 다른 독특한 모습을 하고 있다. 그밖에 언어, 인간관계, 의식주, 의식구조 등 여러 가지 면에서 원주민의 전통이 살아 숨 쉬고 있다.

LECCIÓN 14

01

명령법

1. Ud., Uds.의 명령

Ud.과 Uds.의 명령형은 이들의 접속법 현재형과 동일하다. 이 명령형은 서로 거리감이 있거나 격식이 필요한 경우에 사용된다.[1]

동사원형	Ud. 명령형	Uds. 명령형
llevar	lleve	lleven
comer	coma	coman
abrir	abra	abran

Pase Ud., señorita. 들어오시죠, 아가씨.

Coman fruta en la mañana. 아침에 과일을 드시오.

Abra la ventana, por favor. 창문을 여시오.

다음은 접속법 현재형이 불규칙인 동사들이다

(1) 1인칭 단수형이 불규칙인 동사

	decir	hacer	oír	tener	venir
Ud.	diga	haga	oiga	tenga	venga
Uds.	digan	hagan	oigan	tengan	vengan

Tenga cuidado en la autopista. 고속도로에서 조심하시오.

Hagan las tareas ahora mismo. 지금 당장 숙제를 하시오.

Oiga, señor, ¿dónde está el Hotel Don Juan?

아저씨, 돈환 호텔이 어디에 있습니까?

Diga la verdad. 진실을 말하시오.

---

[1] Uds. 명령형은 중남미에서 2인칭 복수형인 vosotros(as)의 명령형을 대신한다는 것을 염두에 두어야 한다. 다시 말하면 중남미 스페인어로 Abran las ventanas는 우리말로 '창문들을 여시오'도 되지만 상황에 따라서는 '창문들을 열어라'는 의미도 된다.

(2) 어간 변화 동사

	cerrar	dormir	servir	seguir	volver
Ud.	cierre	duerma	sirva	siga	vuelva
Uds.	cierren	duerman	sirvan	sigan	vuelvan

Duerma por lo menos diez horas cada noche.
최소한 매일 10시간은 주무십시오.
Cierren el libro. 책을 닫으시오.
Vuelva pronto. 빨리 돌아오십시오.
Sirva los refrescos. 음료수를 내오십시오.

(3) 접속법 현재형이 불규칙인 동사

	dar	estar	ser	ir
Ud.	dé	esté	sea	vaya
Uds.	den	estén	sean	vayan

Vaya primero a la aduana. 먼저 세관으로 가십시오.
Estén aquí a las nueve de la mañana. 여기에 9시까지 나오시오.

Ud.와 Uds.의 긍정명령문에서 목적 대명사가 나오면 동사의 뒤에 붙어 나온다.

-¿Abro la puerta? 문을 열까요?
-Sí, ábrala, por favor. 네, 여십시오.

-¿Le sirvo el café ahora? 지금 커피를 드릴까요?
-Sí, sírvamelo. 네, 주십시오.

2. Ud., Uds.의 부정 명령

Ud.과 Uds.의 부정 명령은 동사 앞에 no를 붙이면 된다.

No olviden el pasaporte en el banco.
은행에다 여권을 두고 오지 마시오.
No siga derecho. Doble a la izquierda.
똑바로 가지 마시오. 좌회전하시오.

Ud.와 Uds.의 부정 명령문에서 목적 대명사가 나오면 동사의 앞에 위치한다.

-¿Debo firmar este documento?
제가 이 서류에 서명을 해야 합니까?
-No, no lo firme. 아니오, 서명하지 마십시오.

-¿Le traigo la cuenta ahora? 지금 계산서를 가져올까요?
-No, no me la traiga todavía. 아니오, 아직 가져오지 마십시오.

연습 다음에 주어진 단어를 사용하여 Ud.과 Uds.의 명령문을 만드시오.

1. venir a clase temprano

    Ud. ________________________

    Uds. ________________________

2. abrir el libro

    Ud. ________________________

    Uds. ________________________

3. no dormir hasta muy tarde

    Ud. ________________________

    Uds. ________________________

4. ir a ver el Palacio Nacional

Ud. ___________________________

Uds. ___________________________

5. no hablar coreano en la clase.

Ud. ___________________________

Uds. ___________________________

3. Tú 명령형

⑴ Tú의 긍정 명령형은 직설법 3인칭 단수형과 형태가 같으며 친밀한 사이에 쓰인다.

동사원형	직설법 현재	tú 명령형
hablar	él habla	habla
comer	él come	come
abrir	él abre	abre
cerrar	él cierra	cierra
volver	él vuelve	vuelve
pedir	él pide	pide
traer	él trae	trae

Espera un momento. Estoy ocupada.

바쁘니까 잠시 기다려.

Teresa, trae algunas bebidas para la fiesta.

떼레사, 파티에 마실 것 좀 가져와.

Pedro, pide una cerveza para mí.

뻬드로, 나는 맥주 하나 시켜줘.

다음의 동사들은 tú 명령형이 불규칙이다.

동사원형	tú 명령형	동사원형	tú 명령형
decir	di	salir	sal
hacer	haz	ser	sé
ir	ve	tener	ten
poner	pon	venir	ven

Carlos, ven para acá; hazme un favor.

까를로스, 이리 와서 부탁 하나 들어줘.

Juan, dile a tu mamá que me llame ahora.

환, 엄마에게 지금 나한테 전화하라고 말해줘.

Ten cuidado en la piscina. 수영장에서 조심해라.

Tú의 긍정 명령문에 목적어 대명사가 사용되면 동사 뒤에 붙어 나온다.

　-¿Dónde pongo la computadora? 컴퓨터 어디에 놓을 까요?

　-Ponla en la mesa. 책상 위에 놔.

(2) Tú의 부정 명령

　Tú의 부정 명령에서는 접속법 2인칭 현재형이 사용된다.

동사원형	접속법	tú 부정명령
hablar	hables	no hables
comer	comas	no comas
abrir	abras	no abras
decir	digas	no digas
hacer	hagas	no hagas

No hables con ella; habla con Esteban.

그녀한테 말하지 말고, 에스떼반에게 말해.

No comas tanto, Luis y come despacio.

루이스, 많이 먹지 말고 천천히 먹어.

Ven ahora; no vengas mañana.

내일 오지 말고 지금 와.

연습 다음에 주어진 단어를 이용하여 tú 명령문을 만드시오.

1. estudiar y no hablar por teléfono con tus amigos

   → ____

2. hacer el trabajo y luego limpiar la habitación

   → ____

3. ir a la casa de Carlos y decirle que la fiesta es hoy

   → ____

4. volver temprano y cerrar la puerta

   → ____

5. levantarse temprano mañana

   → ____

6. poner la mesa

   → ____

7. no ir al cine esta noche

   → ____

8. comprar un traje de baño

   → ____

9. poner el dinero en Bancomer

   → ____

10. ir al mercado y comprar frutas

    → ____

02

관계 대명사(형용사)절에서의 접속법

관계 대명사가 이끄는 종속절이 수식하는 명사가 확정되지 않았거나 존재하지 않는 사람 혹은 사물인 경우, 종속절에서 접속법이 사용된다. 그러나 이미 알고 있는 사람이나 사물인 경우에는 직설법이 사용된다.

Buscamos un empleado que hable español.(아직 누구인지 모름)
우리는 스페인어를 하는 직원을 찾고 있다.
Tengo un empleado que habla español.(누구인지 알고 있음)
나는 스페인어를 하는 직원을 데리고 있다.

Quiero una casa que tenga piscina.(아직 어떤 집인지 모름)
나는 수영장이 있는 집을 원한다.
En mi barrio hay una casa que tiene piscina.(어떤 집인지 알고 있음)
우리 동네에 수영장이 있는 집이 있다.

연습 다음 괄호 안에 나오는 동사의 적당한 형태를 쓰시오.

1. Quiero un coche que __________ aire acondicionado. (tener)
2. En la oficina hay un empleado que __________ español.(hablar)
3. Busco una casa que __________ cerca de la universidad.(estar)
4. Conozco un restaurante que __________ comida mexicana.(servir)
5. ¿Hay alguien que __________ hablar japonés?(saber)

03 접속법 현재완료

접속법 현재완료는 주절의 시제가 현재 또는 현재완료이고, 종속절에서 나타내는 동작이나 상태가 이미 완료되었거나 완료되었을 것으로 가정할 때 사용된다. 그 형태는 haber 동사의 접속법 현재형에 과거분사를 붙여 만든다.

yo	haya hablado	nosotros(as)	hayamos hablado
tú	hayas comido	vosotros(as)	hayáis comido
Ud.		Uds.	
él	haya vivido	ellos	hayan vivido
ella		ellas	

Me alegro de que hayas aprobado el examen.

나는 네가 시험에 합격해서 기쁘다.

No es verdad que ellos hayan dicho eso.

그들이 그것을 말했다는 것은 사실이 아니다.

연습 다음 괄호 안에 나오는 동사의 접속법 현재완료형을 쓰시오.

1. No es verdad que mis amigos __________ del viaje.(regresar)
2. Espero que la policía no nos __________.(ver)
3. Me alegro mucho de que tú __________ a verme.(venir)
4. El profesor siente que sus alumnos no __________ las tareas.(hacer)
5. No creo que Sandra __________ en Costa Rica.(estar)

04 접속법 과거

1. 형태

접속법 과거는 직설법 단순과거 3인칭 복수형에서 어미 -ron를 떼어내고 다음과 같은 어미를 붙여 만든다.

yo	-ra	nosotros(as)	-ramos
tú	-ras	vosotros(as)	-rais
Ud.		Uds.	
él	-ra	ellos	-ran
ella		ellas	

참고로 접속법 과거형 어미에는 -ra형 외에도 -se형이 있다: cantase, cantases, cantase, cantásemos, cantaseis, cantasen. 이 두 형태는 서로 바꿔 쓸 수 있으나 -ra형이 더 일반적이다.

동사원형	직설법 단순과거 3인칭 복수	어간	접속법 과거 1인칭 단수
cantar	cantaron	canta-	**cantara**
comer	comieron	comie-	**comiera**
vivir	vivieron	vivie-	**viviera**
traer	trajeron	traje-	**trajera**
ir	fueron	fue-	**fuera**
saber	supieron	supie-	**supiera**
estar	estuvieron	estuvie-	**estuviera**
poner	pusieron	pusie-	**pusiera**
poder	pudieron	pudie-	**pudiera**
querer	quisieron	quisie-	**quisiera**
decir	dijeron	dije-	**dijera**

접속법 과거 1인칭 복수형은 어미 바로 앞의 모음에 항상 엑센트가 있다 : cantáramos, comiéramos, viviéramos ...

연습 다음 빈칸에 해당하는 동사의 접속법 과거형을 쓰시오.

	cantar	ser	poder	salir	saber
yo					
tú					
Ud.					
nosotros					
vosotros					
ellos					

2. 용법

주절의 동사가 직설법 현재일 경우 종속절에 접속법 현재가 쓰이나, 주절의 동사가 직설법 과거일 때는 종속절에 접속법 과거가 사용된다.

Mis padres <u>quieren</u> que yo <u>estudie</u> mucho.
직설법 현재 　　　　　　　접속법 현재

Mis padres <u>querían</u> que yo <u>estudiara</u> mucho.
직설법 과거 　　　　　　　접속법 과거

-¿Qué te dijo el profesor? 교수님이 너에게 뭐라고 하든?
-Me dijo que tomara pocas clases en el primer semestre.
　1학기에는 수업을 조금만 들으라고 하셨어.

-¿Qué te recomendó el médico?
　의사 선생님께서 뭐라고 권하시든?
-Me recomendó que viera al doctor Cándido.
　깐디도 박사를 만나보라고 권하셨어.

연습 다음에 나오는 문장을 보기와 같이 완성하시오.

보기)　Te aconsejo que no comas tantos dulces.(aconsejé)
　　　　Te aconsejé que no comieras tantos dulces.

1. Mis padres quieren que me levante temprano.(querían)
　　_______________________________.

2. Le pide que llegue a clase a tiempo.(pidió)
　　_______________________________.

3. Ernesto les dice que no vean la televisión todo el día.(dijo)
　　_______________________________.

4. El médico me aconseja que fume menos.(aconsejó)

   ____.

5. Yo espero que el profesor me dé una A.(esperaba)

   ____.

05 접속법 과거완료

접속법 과거완료는 주절의 시제가 과거이고 종속절에서 나타내는 동작이나 상태가 이미 완료되었거나 완료되었을 것으로 가정할 때 사용된다. 형태는 haber 동사의 접속법 과거형에 과거분사를 붙여서 만든다.

yo	hubiera hablado	nosotros(as)	hubiéramos hablado
tú	hubieras comido	vosotros(as)	hubiérais comido
Ud.		Uds.	
él	hubiera vivido	ellos	hubieran vivido
ella		ellas	

Él no creía que yo hubiera perdido el último avión.
그는 내가 마지막 비행기를 놓쳤을 거라고 생각하지 않았다.
Me sorprendió mucho que hubieras vendido tu motocicleta.
나는 네가 오토바이를 팔아서 아주 놀랐다.

연습 다음 괄호 안에 나오는 동사의 접속법 과거완료형을 쓰시오.

1. Me alegré de que tú _________ una buena película.(ver)

2. Esperábamos que Ernesto se _________ la lotería.(ganar)

3. Yo deseaba que Miguel _________ abogado.(hacerse)

4. Nosotros no creíamos que ella lo _________.(decir)

5. Yo esperaba que tú _________ un coche último modelo.(comprar)

06 가정문

1. 현재 사실에 반대되는 가정

스페인어에서 현재에 실현 가능성이 없는 사실은 종속절(가정절)에서 접속법 과거, 주절에서 조건시제를 사용하여 나타낸다.

Si + 접속법 과거,	조건시제
가정절(종속절)	주절

Si hiciera mucho viento, nosotros saldríamos con la cometa.

바람이 많이 분다면 연을 들고 나갈 텐데.

Ellos vendrían a visitarnos si nosotros los invitáramos.

우리가 그들을 초청한다면 우리를 방문하러 올 텐데.

2. 과거 사실에 반대되는 가정

스페인어에서 과거에 실현 가능성이 없었던 가정을 나타낼 때 종속절 (가정절)에는 접속법 과거완료, 주절에서는 조건완료가 사용된다.

Si 접속법 과거완료,	조건완료
종속절	주절

※ 조건완료는 'haber의 조건시제(habría) + 과거분사'로 만든다.

Si yo hubiera tenido tiempo, te habría podido ayudar.

내가 시간이 있었더라면, 너를 도와줄 수 있었을 텐데.

Si tú hubieras podido, habrías resuelto el problema.

네가 할 수만 있었더라면, 그 문제를 해결했을 텐데.

 다음 빈칸에 적당한 동사형을 쓰시오.

1. Si yo __________ más dinero, podría comprarme unas gafas nuevas.(ahorrar)

2. Si yo __________ más tiempo, habría podido leer más.(tener)

3. Si tú no __________ tanta televisión, sacarías mejores notas.(ver)

4. Si __________, podríamos ir a esquiar.(nevar)

5. Podríamos pasear si __________ buen tiempo.(hacer)

6. Si yo __________ eso, te lo habría dicho.(saber)

의사소통 활동

◆ 명령하기

Arregla tu cuarto, haz la tarea y luego acuéstate.
방을 치우고, 숙제하고 자라.
Traiga sus documentos mañana.
내일 서류를 가져오십시오.
No grites, estoy hablando por teléfono.
전화하고 있으니까 소리 지르지 마라.
No maneje tan rápido.
너무 빨리 운전하지 마십시오.
Te ordeno/mando que vengas ahora mismo.
지금 당장 와라.

◆ 허락 구하기

-¿Puedo entrar? 들어가도 될까요?
-Adelante. 들어오십시오.
-Pase. 들어오십시오.
-Pasa. 들어와.

-¿**Puedo** abrir la ventana? 창문을 열어도 될까요?
-¡Claro! Ábrala, ábrala. 물론이죠. 여십시오.

-¿**Se puede** fumar aquí? 여기서 담배를 피워도 됩니까?
-No, no se puede. 안됩니다.

◆ 물건을 빌려달라고 할 때

-¡Oye! ¿**Me dejas** un bolígrafo, por favor?(돌려줄 경우)
볼펜 한 자루만 빌려주겠니?
-Claro, cógelo. 물론이지. 여기 있어.

-¿**Puedes darme** un sobre, por favor?(돌려주지 않을 경우)
봉투 한 장만 줄래?
-Claro, toma. 물론이지. 여기 있어.

연습 두 사람씩 짝을 지어 상대방에게 다음 질문을 하고 보기에서 적당한 표현
을 골라 대답하시오.

보기)
¡Claro, ábrela!
Sí, sí, toma.
Ponlos en la mesa, por favor.
Sí, lléveme al aeropuerto.
Por supuesto. Ahora mismo, señor.

1. -¿Puedo usar tu computadora esta tarde?

   -___________________________________

2. -¿Me dice adónde vamos?

   -___________________________________

3. -¿Me dejas el periódico, por favor?

    - ________________________________

4. -¿Dónde pongo estos libros?

    - ________________________________

5. -¡Ha llegado la carta! ¿Puedo abrirla?

    - ________________________________

◆ 가정표현

> Si me sacara la lotería, compraría un coche deportivo.
> 내가 복권에 당첨이 된다면, 스포츠카를 살 것이다.
>
> Si yo tuviera más tiempo libre, me gustaría practicar el Taekwondo.
> 내가 좀 더 시간적인 여유가 있다면, 태권도를 배우고 싶다.

연습 두 사람씩 짝을 지어 다음의 질문을 하고 대답하시오.

  -Si te sacaras la lotería, ¿qué harías con el dinero?

    - ________________________________

중남미의 법문화와 노동관

국가에 대한 불신이 있고 국민으로서의 의무감이 약한 상황에서는 법이 모든 시민에게 공평하게 적용되기를 바라기는 어렵다. 식민지 시대를 거치면서 생겨난 "법은 존중은 하지만 준수하지는 않는다"(La ley se respeta pero no se cumple.)란 통념으로 인해 편의에 따라 법이나 규칙의 취지를 왜곡하는 경우가 많았다. 그 결과 법망을 빠져나가는 것으로 사회의 다른 구성원들을 따돌리고 앞지르는 약삭빠르고 교묘한 행위가 사회적으로 용인되고 있는 경우가 중남미 많은 나라에 존재한다.

중남미의 이러한 법문화로 인해 법과 양심에 따라 행동하는 사람을 바보(tonto)로 간주하고, 똑똑한 사람은(vivo) 바보를 이용해서 살고 바보는 자신의 노동으로 살아간다는 사고방식이 이 지역 여러 나라의 백인·메스티소 사회에 팽배해 있다.

중남미 여러 나라의 다수의 서민 특히, 계층 분류로 볼 때 하층에 속하는 사람들은 매우 열심히 일하는 사람들이며 장시간의 심한 노동을 참아낸다. 그러나 중남미에서는 노동과 근면은 높은 덕목으로 간주되지 않는 경향이 강하다. 식민지 시대부터 내려오는 지배계급의 가치관의 영향으로 개인의 타고난 재능과 다변을 중시하고 육체노동과 꾸준한 노력을 경시해왔다.

규칙 동사 변화표

hablar 말하다			
직설법 현재	단순과거	불완료과거	미 래
hablo	hablé	hablaba	hablaré
hablas	hablaste	hablabas	hablarás
habla	habló	hablaba	hablará
hablamos	hablamos	hablábamos	hablaremos
habláis	hablasteis	hablabais	hablaréis
hablan	hablaron	hablaban	hablarán
조 건	접속법 현재	접속법 과거	명령형
hablaría	hable	hablara(se)	habla
hablarías	hables	hablaras(ses)	no hables
hablaría	hable	hablara(se)	hable
hablaríamos	hablemos	habláramos(semos)	hablen
hablaríais	habléis	hablarais(seis)	
hablarían	hablen	hablaran(sen)	

현재분사 : hablando　　　　　　　　　　　과거분사 : hablado

comer 먹다			
직설법 현재	부정과거	불완료과거	미 래
como	comí	comía	comeré
comes	comiste	comías	comerás
come	comió	comía	comerá
comemos	comimos	comíamos	comeremos
coméis	comisteis	comíais	comeréis
comen	comieron	comían	comerán
조 건	접속법 현재	접속법 과거	명령형
comería	coma	comiera(se)	come
comerías	comas	comieras(ses)	no comas
comería	coma	comiera(se)	coma
comeríamos	comamos	comiéramos(semos)	coman
comeríais	comáis	comierais(seis)	
comerían	coman	comieran(sen)	

현재분사 : comiendo　　　　　　　　　　　과거분사 : comido

vivir 살다			
직설법 현재	단순과거	불완료과거	미　래
vivo	viví	vivía	viviré
vives	viviste	vivías	vivirás
vive	vivió	vivía	vivirá
vivimos	vivimos	vivíamos	viviremos
vivís	vivisteis	vivíais	viviréis
viven	vivieron	vivían	vivirán
조　　　건	접속법 현재	접속법 과거	명령형
viviría	viva	viviera(se)	vive
vivirías	vivas	vivieras(ses)	no vivas
viviría	viva	viviera(se)	viva
viviríamos	vivamos	viviéramos(semos)	vivan
viviríais	viváis	vivierais(seis)	
vivirían	vivan	vivieran(sen)	
현재분사 : viviendo		과거분사 : vivido	

불규칙 동사 변화표

acordarse 기억하다			
직설법 현재	단순과거	불완료과거	미 래
me acuerdo	acordé	acordaba	acordaré
te acuerdas	acordaste	acordabas	acordarás
se acuerda	acordó	acordaba	acordará
nos acordamos	acordamos	acordábamos	acordaremos
os acordáis	acordasteis	acordabais	acordaréis
se acuerdan	acordaron	acordaban	acordarán
조 건	접속법 현재	접속법 과거	명령형
acordaría	acuerde	acordara(se)	acuérdate
acordarías	acuerdes	acordaras(ses)	no te acuerdes
acordaría	acuerde	acordara(se)	acuérdese
acordaríamos	acordemos	acordáramos(semos)	acuérdense
acordaríais	acordéis	acordarais(seis)	
acordarían	acuerden	acordaran(sen)	
현재분사 : acordando		과거분사 : acordado	

acostar(se) 눕히다(눕다)			
직설법 현재	단순과거	불완료과거	미 래
acuesto	acosté	acostaba	acostaré
acuestas	acostaste	acostabas	acostarás
acuesta	acostó	acostaba	acostará
acostamos	acostamos	acostábamos	acostaremos
acostáis	acostasteis	acostabais	acostaréis
acuestan	acostaron	acostaban	acostarán
조 건	접속법 현재	접속법 과거	명령형
acostaría	acueste	acostara(se)	acuesta
acostarías	acuestes	acostaras(ses)	no acuestes
acostaría	acueste	acostara(se)	acueste
acostaríamos	acostemos	acostáramos(semos)	acuesten
acostaríais	acostéis	acostarais(seis)	
acostarían	acuesten	acostaran(sen)	
현재분사 : acostando		과거분사 : acostado	

<table>
<tr><td colspan="4" align="center">agradecer 감사하다</td></tr>
<tr><td align="center">직설법 현재</td><td align="center">단순과거</td><td align="center">불완료과거</td><td align="center">미　래</td></tr>
<tr>
<td>agradezco
agradeces
agradece
agradecemos
agradecéis
agradecen</td>
<td>agradecí
agradeciste
agradeció
agradecimos
agradecisteis
agradecieron</td>
<td>agradecía
agradecías
agradecía
agradecíamos
agradecíais
agradecían</td>
<td>agradeceré
agradecerás
agradecerá
agradeceremos
agradeceréis
agradecerán</td>
</tr>
<tr><td align="center">조　　건</td><td align="center">접속법 현재</td><td align="center">접속법 과거</td><td align="center">명령형</td></tr>
<tr>
<td>agradecería
agradecerías
agradecería
agradeceríamos
agradeceríais
agradecerían</td>
<td>agradezca
agradezcas
agradezca
agradezcamos
agradezcáis
agradezcan</td>
<td>agradeciera(se)
agradecieras(ses)
agradeciera(se)
agradeciéramos(semos)
agradecierais(seis)
agradecieran(sen)</td>
<td>agradece
no agradezcas
agradezca
agradezcan</td>
</tr>
<tr><td colspan="2">현재분사 :agradeciendo</td><td colspan="2">과거분사 : agradecido</td></tr>
</table>

<table>
<tr><td colspan="4" align="center">andar 걷다, 가다</td></tr>
<tr><td align="center">직설법 현재</td><td align="center">단순과거</td><td align="center">불완료과거</td><td align="center">미　래</td></tr>
<tr>
<td>ando
andas
anda
andamos
andáis
andan</td>
<td>anduve
anduviste
anduvo
anduvimos
anduvisteis
anduvieron</td>
<td>andaba
andabas
andaba
andábamos
andabais
andaban</td>
<td>andaré
andarás
andará
andaremos
andaréis
andarán</td>
</tr>
<tr><td align="center">조　　건</td><td align="center">접속법 현재</td><td align="center">접속법 과거</td><td align="center">명령형</td></tr>
<tr>
<td>andaría
andarías
andaría
andaríamos
andaríais
andarían</td>
<td>ande
andes
ande
andemos
andéis
anden</td>
<td>andara(se)
andaras(ses)
andara(se)
andáramos(semos)
andarais(seis)
andaran(sen)</td>
<td>anda
no andes
ande
anden</td>
</tr>
<tr><td colspan="2">현재분사 : andando</td><td colspan="2">과거분사 : andado</td></tr>
</table>

caber 들어차다			
직설법 현재	단순과거	불완료과거	미 래
quepo	cupe	cabía	cabré
cabes	cupiste	cabías	cabrás
cabe	cupo	cabía	cabrá
cabemos	cupimos	cabíamos	cabremos
cabéis	cupisteis	cabíais	cabréis
caben	cupieron	cabían	cabrán
조 건	접속법 현재	접속법 과거	명령형
cabría	quepa	cupiera(se)	
cabrías	quepas	cupieras(ses)	cabe
cabría	quepa	cupiera(se)	no quepas
cabríamos	quepamos	cupiéramos(semos)	quepa
cabríais	quepáis	cupierais(seis)	quepan
cabrían	quepan	cupieran(sen)	

현재분사 : cabiendo　　　　　　　　　　과거분사 : cabido

caer 떨어지다			
직설법 현재	단순과거	불완료과거	미 래
caigo	caí	caía	caeré
caes	caiste	caías	caerás
cae	cayó	caía	caerá
caemos	caímos	caíamos	caeremos
caéis	caísteis	caíais	caeréis
caen	cayeron	caían	caerán
조 건	접속법 현재	접속법 과거	명령형
caería	caiga	cayera(se)	
caerías	caigas	cayeras(ses)	cae
caería	caiga	cayera(se)	no caigas
caeríamos	caigamos	cayéramos(semos)	caiga
caeríais	caigáis	cayerais(seis)	caigan
caerían	caigan	cayeran(sen)	

현재분사 : cayendo　　　　　　　　　　과거분사 : caído

cerrar 닫다			
직설법 현재	단순과거	불완료과거	미　래
cierro	cerré	cerraba	cerraré
cierras	cerraste	cerrabas	cerrarás
cierra	cerró	cerraba	cerrará
cerramos	cerramos	cerrábamos	cerraremos
cerráis	cerrasteis	cerrabais	cerraréis
cierran	cerraron	cerraban	cerrarán
조　　　건	접속법 현재	접속법 과거	명령형
cerraría	cierre	cerrara(se)	cierra
cerrarías	cierres	cerraras(ses)	no cierres
cerraría	cierre	cerrara(se)	cierre
cerraríamos	cerremos	cerráramos(semos)	cierren
cerraríais	cerréis	cerrarais(seis)	
cerrarían	cierren	cerraran(sen)	

현재분사 : cerrando　　　　　　　　　　과거분사 : cerrado

comenzar 시작하다			
직설법 현재	단순과거	불완료과거	미　래
comienzo	comencé	comenzaba	comenzaré
comienzas	comenzaste	comenzabas	comenzarás
comienza	comenzó	comenzaba	comenzará
comenzamos	comenzamos	comenzábamos	comenzaremos
comenzáis	comenzasteis	comenzabais	comenzaréis
comienzan	comenzaron	comenzaban	comenzarán
조　　　건	접속법 현재	접속법 과거	명령형
comenzaría	comience	comenzara(se)	comienza
comenzarías	comiences	comenzaras(ses)	no comiences
comenzaría	comience	comenzara(se)	comience
comenzaríamos	comencemos	comenzáramos(semos)	comiencen
comenzaríais	comencéis	comenzarais(seis)	
comenzarían	comiencen	comenzaran(sen)	

현재분사 : comenzando　　　　　　　　　　과거분사 : comenzado

<table>
<tr><td colspan="4" align="center">conducir 인도하다, 운전하다</td></tr>
<tr><td align="center">직설법 현재</td><td align="center">단순과거</td><td align="center">불완료과거</td><td align="center">미 래</td></tr>
<tr>
<td>conduzco
conduces
conduce
conducimos
conducís
conducen</td>
<td>conduje
condujiiste
condujo
condujimos
condujisteis
condujeron</td>
<td>conducía
conducías
conducía
conducíamos
conducíais
conducían</td>
<td>conduciré
conducirás
conducirá
conduciremos
conduciréis
conducirán</td>
</tr>
<tr><td align="center">조 건</td><td align="center">접속법 현재</td><td align="center">접속법 과거</td><td align="center">명령형</td></tr>
<tr>
<td>conduciría
conducirías
conduciría
conduciríamos
conduciríais
conducirían</td>
<td>conduzca
conduzcas
conduzca
conduzcamos
conduzcáis
conduzcan</td>
<td>condujera(se)
condujeras(ses)
condujera(se)
condujéramos(semos)
condujerais(seis)
condujeran(sen)</td>
<td>conduce
no conduzcas
conduzca
conduzcan</td>
</tr>
<tr><td colspan="2">현재분사 : conduciendo</td><td colspan="2">과거분사 : conducido</td></tr>
</table>

<table>
<tr><td colspan="4" align="center">conocer 알다</td></tr>
<tr><td align="center">직설법 현재</td><td align="center">단순과거</td><td align="center">불완료과거</td><td align="center">미 래</td></tr>
<tr>
<td>conozco
conoces
conoce
conocemos
conocéis
conocen</td>
<td>conocí
conociste
conoció
conocimos
conocisteis
conocieron</td>
<td>conocía
conocías
conocía
conocíamos
conocíais
conocían</td>
<td>conoceré
conocerás
conocerá
conoceremos
conoceréis
conocerán</td>
</tr>
<tr><td align="center">조 건</td><td align="center">접속법 현재</td><td align="center">접속법 과거</td><td align="center">명령형</td></tr>
<tr>
<td>conocería
conocerías
conocería
conoceríamos
conoceríais
conocerían</td>
<td>conozca
conozcas
conozca
conozcamos
conozcáis
conozcan</td>
<td>conociera(se)
conocieras(ses)
conociera(se)
conociéramos(semos)
conocierais(seis)
conocieran(sen)</td>
<td>conoce
no conozcas
conozca
conozcan</td>
</tr>
<tr><td colspan="2">현재분사 : conociendo</td><td colspan="2">과거분사 : conocido</td></tr>
</table>

<table>
<tr><td colspan="4" align="center">conseguir 얻다, 달성하다</td></tr>
<tr><td align="center">직설법 현재</td><td align="center">단순과거</td><td align="center">불완료과거</td><td align="center">미　래</td></tr>
<tr>
<td>consigo
consigues
consigue
conseguimos
conseguís
consiguen</td>
<td>conseguí
conseguiste
consiguió
conseguimos
conseguisteis
consiguieron</td>
<td>conseguía
conseguías
conseguía
conseguíamos
conseguíais
conseguían</td>
<td>conseguiré
conseguirás
conseguirá
conseguiremos
conseguiréis
conseguirán</td>
</tr>
<tr><td align="center">조　　건</td><td align="center">접속법 현재</td><td align="center">접속법 과거</td><td align="center">명령형</td></tr>
<tr>
<td>conseguiría
conseguirías
conseguiría
conseguiríamos
conseguiríais
conseguirían</td>
<td>consiga
consigas
consiga
consigamos
consigáis
consigan</td>
<td>consiguiera(se)
consiguieras(ses)
consiguiera(se)
consiguiéramos(semos)
consiguierais(seis)
consiguieran(sen)</td>
<td>consigue
no consigas
consiga
consigan</td>
</tr>
<tr><td colspan="2">현재분사 : consiguiendo</td><td colspan="2">과거분사 : conseguido</td></tr>
</table>

<table>
<tr><td colspan="4" align="center">construir 건조·건축하다</td></tr>
<tr><td align="center">직설법 현재</td><td align="center">단순과거</td><td align="center">불완료과거</td><td align="center">미　래</td></tr>
<tr>
<td>construyo
construyes
construye
construimos
construís
construyen</td>
<td>construí
construiste
construyó
construimos
construisteis
construyeron</td>
<td>construía
construías
construía
construíamos
construíais
construían</td>
<td>construiré
construirás
construirá
construiremos
construiréis
construirán</td>
</tr>
<tr><td align="center">조　　건</td><td align="center">접속법 현재</td><td align="center">접속법 과거</td><td align="center">명령형</td></tr>
<tr>
<td>construiría
construirías
construiría
construiríamos
construiríais
construirían</td>
<td>construya
construyas
construya
construyamos
construyáis
construyan</td>
<td>construyera(se)
construyeras(ses)
construyera(se)
construyéramos(semos)
construyerais(seis)
construyeran(sen)</td>
<td>construye
no construyas
construya
construyan</td>
</tr>
<tr><td colspan="2">현재분사 : construyendo</td><td colspan="2">과거분사 : construído</td></tr>
</table>

contar 세다, 이야기하다			
직설법 현재	단순과거	불완료과거	미 래
cuento	conté	contaba	contaré
cuentas	contaste	contabas	contarás
cuenta	contó	contaba	contará
contamos	contamos	contábamos	contaremos
contáis	contasteis	contabais	contaréis
cuentan	contaron	contaban	contarán
조 건	접속법 현재	접속법 과거	명령형
contaría	cuente	contara(se)	cuenta
contarías	cuentes	contaras(ses)	no cuentes
contaría	cuente	contara(se)	cuente
contaríamos	contemos	contáramos(semos)	cuenten
contaríais	contéis	contarais(seis)	
contarían	cuenten	contaran(sen)	

현재분사 : contando 과거분사 : contado

contribuir 공헌하다			
직설법 현재	단순과거	불완료과거	미 래
contribuyo	contribuí	contribuía	contribuiré
contribuyes	contribuiste	contribuías	contribuirás
contribuye	contribuyó	contribuía	contribuirá
contribuimos	contribuimos	contribuíamos	contribuiremos
contribuís	contribuisteis	contribuíais	contribuiréis
contribuyen	contribuyeron	contribuían	contribuirán
조 건	접속법 현재	접속법 과거	명령형
contribuiría	contribuya	contribuyera(se)	contribuye
contribuirías	contribuyas	contribuyeras(ses)	no contribuyas
contribuiría	contribuya	contribuyera(se)	contribuya
contribuiríamos	contribuyamos	contribuyéramos(semos)	contribuyan
contribuiríais	contribuyáis	contribuyerais(seis)	
contribuirían	contribuyan	contribueran(sen)	

현재분사 : contribuyendo 과거분사 : contribuido

convenir 적당하다			
직설법 현재	단순과거	불완료과거	미 래
convengo	convine	convenía	convendré
convienes	conviniste	convenías	convendrás
conviene	convino	convenía	convendrá
convenimos	convinimos	conveníamos	convendremos
convenís	convinisteis	conveníais	convendréis
convienen	convinieron	convenían	convendrán
조 건	접속법 현재	접속법 과거	명령형
convendría	convenga	conviniera(se)	convén
convendrías	convengas	convinieras(ses)	no convengas
convendría	convenga	conviniera(se)	convenga
convendríamos	convengamos	conviniéramos(semos)	convengan
convendríais	convengáis	convinierais(seis)	
convendrían	convengan	convinieran(sen)	

현재분사 : conviniendo　　　　　　　　　　과거분사 : convenido

convertir 변화시키다			
직설법 현재	단순과거	불완료과거	미 래
convierto	convertí	convertía	convertiré
conviertes	convertiste	convertías	convertirás
convierte	convirtió	convertía	convertirá
convertimos	convertimos	convertíamos	convertiremos
convertís	convertisteis	convertíais	convertiréis
convierten	convirtieron	convertían	convertirán
조 건	접속법 현재	접속법 과거	명령형
convertiría	convierta	convirtiera(se)	convierte
convertirías	conviertas	convirtieras(ses)	no conviertas
convertiría	convierta	convirtiera(se)	convierta
convertiríamos	convirtamos	convirtiéramos(semos)	conviertan
convertiríais	convirtáis	convirtierais(seis)	
convertirían	conviertan	convirtieran(sen)	

현재분사 : convirtiendo　　　　　　　　　　과거분사 : convertido

<table>
<tr><td colspan="4" align="center">corregir 고치다</td></tr>
<tr><td align="center">직설법 현재</td><td align="center">단순과거</td><td align="center">불완료과거</td><td align="center">미　래</td></tr>
<tr>
<td>corrijo
corriges
corrige
corregimos
corregís
corrigen</td>
<td>corregí
corregiste
corrigió
corregimos
corregisteis
corrigieron</td>
<td>corregía
corregías
corregía
corregíamos
corregíais
corregían</td>
<td>corregiré
corregirás
corregirá
corregiremos
corregiréis
corregirán</td>
</tr>
<tr><td align="center">조　　　건</td><td align="center">접속법 현재</td><td align="center">접속법 과거</td><td align="center">명령형</td></tr>
<tr>
<td>corregiría
corregirías
corregiría
corregiríamos
corregiríais
corregirían</td>
<td>corrija
corrijas
corrija
corrijamos
corrijáis
corrijan</td>
<td>corrigiera(se)
corrigieras(ses)
corrigiera(se)
corrigiéramos(semos)
corrigierais(seis)
corrigieran(sen)</td>
<td>corrige
no corrijas
corrija
corrijan</td>
</tr>
<tr><td colspan="2">현재분사 : corrigiendo</td><td colspan="2">과거분사 : corregido</td></tr>
</table>

<table>
<tr><td colspan="4" align="center">costar 가격이 ...이다</td></tr>
<tr><td align="center">직설법 현재</td><td align="center">단순과거</td><td align="center">불완료과거</td><td align="center">미　래</td></tr>
<tr>
<td>cuesto
cuestas
cuesta
costamos
costáis
cuestan</td>
<td>costé
costaste
costó
costamos
costasteis
costaron</td>
<td>costaba
costabas
costaba
costábamos
costabais
costaban</td>
<td>costaré
costarás
costará
costaremos
costaréis
costarán</td>
</tr>
<tr><td align="center">조　　　건</td><td align="center">접속법 현재</td><td align="center">접속법 과거</td><td align="center">명령형</td></tr>
<tr>
<td>costaría
costarías
costaría
costaríamos
costaríais
costarían</td>
<td>cueste
cuestes
cueste
costemos
costéis
cuesten</td>
<td>costara(se)
costaras(ses)
costara(se)
costáramos(semos)
costarais(seis)
costaran(sen)</td>
<td>cuesta
no cuestes
cueste
cuesten</td>
</tr>
<tr><td colspan="2">현재분사 : costando</td><td colspan="2">과거분사 : costado</td></tr>
</table>

crecer 성장하다			
직설법 현재	단순과거	불완료과거	미 래
crezco	crecí	crecía	creceré
creces	creciste	crecías	crecerás
crece	creció	crecía	crecerá
crecemos	crecimos	crecíamos	creceremos
crecéis	crecisteis	crecíais	creceréis
crecen	crecieron	crecían	crecerán
조 건	접속법 현재	접속법 과거	명령형
crecería	crezca	creciera(se)	crece
crecerías	crezcas	crecieras(ses)	no crezcas
crecería	crezca	creciera(se)	crezca
creceríamos	crezcamos	creciéramos(semos)	crezcan
creceríais	crezcáis	crecierais(seis)	
crecerían	crezcan	crecieran(sen)	

현재분사 : creciendo　　　　　　　과거분사 : crecido

dar 주다			
직설법 현재	단순과거	불완료과거	미 래
doy	di	daba	daré
das	diste	dabas	darás
da	dio	daba	dará
damos	dimos	dábamos	daremos
dáis	disteis	dabais	daréis
dan	dieron	daban	darán
조 건	접속법 현재	접속법 과거	명령형
daría	dé	diera(se)	da
darías	des	dieras(ses)	no des
daría	dé	diera(se)	dé
daríamos	demos	diéramos(semos)	den
daríais	deis	dierais(seis)	
darían	den	dieran(sen)	

현재분사 : dando　　　　　　　과거분사 : dado

<table>
<tr><td colspan="4" align="center">decir 말하다</td></tr>
<tr><td align="center">직설법 현재</td><td align="center">단순과거</td><td align="center">불완료과거</td><td align="center">미 래</td></tr>
<tr>
<td>digo
dices
dice
decimos
decís
dicen</td>
<td>dije
dijiste
dijo
dijimos
dijisteis
dijeron</td>
<td>decía
decías
decía
decíamos
decíais
decían</td>
<td>diré
dirás
dirá
diremos
diréis
dirán</td>
</tr>
<tr><td align="center">조 건</td><td align="center">접속법 현재</td><td align="center">접속법 과거</td><td align="center">명령형</td></tr>
<tr>
<td>diría
dirías
diría
diríamos
diríais
dirían</td>
<td>diga
digas
diga
digamos
digáis
digan</td>
<td>dijera(se)
dijeras(ses)
dijera(se)
dijéramos(semos)
dijerais(seis)
dijeran(sen)</td>
<td>di
no digas
diga
digan</td>
</tr>
<tr><td colspan="2">현재분사 : diciendo</td><td colspan="2">과거분사 : dicho</td></tr>
</table>

<table>
<tr><td colspan="4" align="center">despedir 전송하다</td></tr>
<tr><td align="center">직설법 현재</td><td align="center">단순과거</td><td align="center">불완료과거</td><td align="center">미 래</td></tr>
<tr>
<td>despido
despides
despide
despedimos
despedís
despiden</td>
<td>despedí
despediste
despidió
despedimos
despedisteis
despidieron</td>
<td>despedía
despedías
despedía
despedíamos
despedíais
despedían</td>
<td>despediré
despedirás
despedirá
despediremos
despediréis
despedirán</td>
</tr>
<tr><td align="center">조 건</td><td align="center">접속법 현재</td><td align="center">접속법 과거</td><td align="center">명령형</td></tr>
<tr>
<td>despediría
despedirías
despediría
despediríamos
despediríais
despedirían</td>
<td>despida
despidas
despida
despidamos
despidáis
despidan</td>
<td>despidiera(se)
despidieras(ses)
despidiera(se)
despidiéramos(semos)
despidierais(seis)
despidieran(sen)</td>
<td>despide
no despidas
despida
despidan</td>
</tr>
<tr><td colspan="2">현재분사 : despidiendo</td><td colspan="2">과거분사 : despedido</td></tr>
</table>

<table>
<tr><td colspan="4" align="center">despertar 깨우다</td></tr>
<tr><td align="center">직설법 현재</td><td align="center">단순과거</td><td align="center">불완료과거</td><td align="center">미　래</td></tr>
<tr>
<td>despierto
despiertas
despierta
despertamos
despertáis
despiertan</td>
<td>desperté
despertaste
despertó
despertamos
despertasteis
despertaron</td>
<td>despertaba
despertabas
despertaba
despertábamos
despertabais
despertaban</td>
<td>despertaré
despertarás
despertará
despertaremos
despertaréis
despertarán</td>
</tr>
<tr><td align="center">조　　　건</td><td align="center">접속법 현재</td><td align="center">접속법 과거</td><td align="center">명령형</td></tr>
<tr>
<td>despertaría
despertarías
despertaría
despertaríamos
despertaríais
despertarían</td>
<td>despierte
despiertes
despierte
despertemos
despertéis
despierten</td>
<td>despertara(se)
despertaras(ses)
despertara(se)
despertáramos(semos)
despertarais(seis)
despertaran(sen)</td>
<td>despierta
no despiertes
despierte
despierten</td>
</tr>
<tr><td colspan="2">현재분사 : despertando</td><td colspan="2">과거분사 : despertado</td></tr>
</table>

<table>
<tr><td colspan="4" align="center">destruir 파괴하다</td></tr>
<tr><td align="center">직설법 현재</td><td align="center">단순과거</td><td align="center">불완료과거</td><td align="center">미　래</td></tr>
<tr>
<td>destruyo
destruyes
destruye
destruimos
destruís
destruyen</td>
<td>destruí
destruiste
destruyó
destruimos
destruisteis
destruyeron</td>
<td>destruía
destruías
destruía
destruíamos
destruíais
destruían</td>
<td>destruiré
destruirás
destruirá
destruiremos
destruiréis
destruirán</td>
</tr>
<tr><td align="center">조　　　건</td><td align="center">접속법 현재</td><td align="center">접속법 과거</td><td align="center">명령형</td></tr>
<tr>
<td>destruiría
destruirías
destruiría
destruiríamos
destruiríais
destruirían</td>
<td>destruya
destruyas
destruya
destruyamos
destruyáis
destruyan</td>
<td>destruyera(se)
destruyeras(ses)
destruyera(se)
destruyéramos(semos)
destruyerais(seis)
destruyeran(sen)</td>
<td>destruye
no destruyas
destruya
destruyan</td>
</tr>
<tr><td colspan="2">destrui현재분사 : destruyendo</td><td colspan="2">과거분사 : destruído</td></tr>
</table>

<table>
<tr><td colspan="4" align="center">devolver 돌려주다</td></tr>
<tr><td align="center">직설법 현재</td><td align="center">단순과거</td><td align="center">불완료과거</td><td align="center">미　래</td></tr>
<tr>
<td>devuelvo
devuelves
devuelve
devolvemos
devolvéis
devuelven</td>
<td>devolví
devolviste
devolvió
devolvimos
devolvisteis
devolvieron</td>
<td>devolvía
devolvías
devolvía
devolvíamos
devolvíais
devolvían</td>
<td>devolveré
devolverás
devolverá
devolveremos
devolveréis
devolverán</td>
</tr>
<tr><td align="center">조　　　건</td><td align="center">접속법 현재</td><td align="center">접속법 과거</td><td align="center">명령형</td></tr>
<tr>
<td>devolvería
devolverías
devolvería
devolveríamos
devolveríais
devolverían</td>
<td>devuelva
devuelvas
devuelva
devolvamos
devolváis
devuelvan</td>
<td>devolviera(se)
devolvieras(ses)
devolviera(se)
devolviéramos(semos)
devolvierais(seis)
devolvieran(sen)</td>
<td>devuelve
no devuelvas
devuelva
devuelvan</td>
</tr>
<tr><td colspan="2">현재분사 : devolviendo</td><td colspan="2">과거분사 : devuelto</td></tr>
</table>

<table>
<tr><td colspan="4" align="center">divertir 즐겁게 하다</td></tr>
<tr><td align="center">직설법 현재</td><td align="center">단순과거</td><td align="center">불완료과거</td><td align="center">미　래</td></tr>
<tr>
<td>divierto
diviertes
divierte
divertimos
divertís
divierten</td>
<td>divertí
divertiste
divirtió
divertimos
divertisteis
divirtieron</td>
<td>divertía
divertías
divertía
divertíamos
divertíais
divertían</td>
<td>divertiré
divertirás
divertirá
divertiremos
divertiréis
divertirán</td>
</tr>
<tr><td align="center">조　　　건</td><td align="center">접속법 현재</td><td align="center">접속법 과거</td><td align="center">명령형</td></tr>
<tr>
<td>divertiría
divertirías
divertiría
divertiríamos
divertiríais
divertirían</td>
<td>divierta
diviertas
divierta
divirtamos
divirtáis
diviertan</td>
<td>divirtiera(se)
divirtieras(ses)
divirtiera(se)
divirtiéramos(semos)
divirtierais(seis)
divirtieran(sen)</td>
<td>divierte
no diviertas
divierta
diviertan</td>
</tr>
<tr><td colspan="2">현재분사 : divirtiendo</td><td colspan="2">과거분사 : divertido</td></tr>
</table>

<table>
<tr><td colspan="4" align="center">doler 아프다</td></tr>
<tr><td align="center">직설법 현재</td><td align="center">단순과거</td><td align="center">불완료과거</td><td align="center">미　　래</td></tr>
<tr><td>duele</td><td>dolió</td><td>dolía</td><td>dolerá</td></tr>
<tr><td align="center">조　　　건</td><td align="center">접속법 현재</td><td align="center">접속법 과거</td><td align="center">명령형</td></tr>
<tr><td>dolería</td><td>duela</td><td>doliera</td><td></td></tr>
<tr><td colspan="2">현재분사 : doliendo</td><td colspan="2">과거분사 : dolido</td></tr>
</table>

<table>
<tr><td colspan="4" align="center">dormir 자다</td></tr>
<tr><td align="center">직설법 현재</td><td align="center">단순과거</td><td align="center">불완료과거</td><td align="center">미　　래</td></tr>
<tr><td>duermo
duermes
duerme
dormimos
dormís
duermen</td><td>dormí
dormiste
durmió
dormimos
dormisteis
durmieron</td><td>dormía
dormías
dormía
dormíamos
dormíais
dormían</td><td>dormiré
dormirás
dormirá
dormiremos
dormiréis
dormirán</td></tr>
<tr><td align="center">조　　　건</td><td align="center">접속법 현재</td><td align="center">접속법 과거</td><td align="center">명령형</td></tr>
<tr><td>dormiría
dormirías
dormiría
dormiríamos
dormiríais
dormirían</td><td>duerma
duermas
duerma
durmamos
durmáis
duerman</td><td>durmiera(se)
durmieras(ses)
durmiera(se)
durmiéramos(semos)
durmierais(seis)
durmieran(sen)</td><td>duerme
no duermas
duerma
duerman</td></tr>
<tr><td colspan="2">현재분사 : durmiendo</td><td colspan="2">과거분사 : dormido</td></tr>
</table>

<table>
<tr><td colspan="4" align="center">empezar 시작하다</td></tr>
<tr><td align="center">직설법 현재</td><td align="center">단순과거</td><td align="center">불완료과거</td><td align="center">미 래</td></tr>
<tr>
<td>empiezo
empiezas
empieza
empezamos
empezáis
empiezan</td>
<td>empecé
empezaste
empezó
empezamos
empezasteis
empezaron</td>
<td>empezaba
empezabas
empezaba
empezábamos
empezabais
empezaban</td>
<td>empezaré
empezarás
empezará
empezaremos
empezaréis
empezarán</td>
</tr>
<tr><td align="center">조 건</td><td align="center">접속법 현재</td><td align="center">접속법 과거</td><td align="center">명령형</td></tr>
<tr>
<td>empezaría
empezarías
empezaría
empezaríamos
empezaríais
empezarían</td>
<td>empiece
empieces
empiece
empecemos
empecéis
empiecen</td>
<td>empezara(se)
empezaras(ses)
empezara(se)
empezáramos(semos)
empezarais(seis)
empezaran(sen)</td>
<td>empieza
no empieces
empiece
empiecen</td>
</tr>
<tr><td colspan="2">현재분사 : empezando</td><td colspan="2">과거분사 : empezado</td></tr>
</table>

<table>
<tr><td colspan="4" align="center">encender 켜다</td></tr>
<tr><td align="center">직설법 현재</td><td align="center">단순과거</td><td align="center">불완료과거</td><td align="center">미 래</td></tr>
<tr>
<td>enciendo
enciendes
enciende
encendemos
encendéis
encienden</td>
<td>encendí
encendiste
encendió
encendimos
encendisteis
encendieron</td>
<td>encendía
encendías
encendía
encendíamos
encendíais
encendían</td>
<td>encenderé
encenderás
encenderá
encenderemos
encenderéis
encenderán</td>
</tr>
<tr><td align="center">조 건</td><td align="center">접속법 현재</td><td align="center">접속법 과거</td><td align="center">명령형</td></tr>
<tr>
<td>encendería
encenderías
encendería
encenderíamos
encenderíais
encenderían</td>
<td>encienda
enciendas
encienda
encendamos
encendáis
enciendan</td>
<td>encendiera(se)
encendieras(ses)
encendiera(se)
encendiéramos(semos)
encendierais(seis)
encendieran(sen)</td>
<td>enciende
no enciendas
encienda
enciendan</td>
</tr>
<tr><td colspan="2">현재분사 : encendiendo</td><td colspan="2">과거분사 : encendido</td></tr>
</table>

encontrar 찾다			
직설법 현재	단순과거	불완료과거	미 래
encuentro	encontré	encontraba	encontraré
encuetras	encontraste	encontrabas	encontrarás
encuentra	encontró	encontraba	encontrará
enontramos	encontramos	encontrábamos	encontraremos
encontráis	encontrasteis	encontrabais	encontraréis
encuentran	encontraron	encontraban	encontrarán
조 건	접속법 현재	접속법 과거	명령형
encontraría	encuentre	encontrara(se)	encuentra
encontrarías	encuentres	encontraras(ses)	no encuentres
encontraría	encuentre	encontrara(se)	encuentra
encontraríamos	encontremos	encontráramos(semos)	encuentran
encontraríais	encontréis	encontrarais(seis)	
encontrarían	encuentren	encontraran(sen)	
현재분사 : encontrando		과거분사 : encontrado	

entender 이해하다			
직설법 현재	단순과거	불완료과거	미 래
entiendo	entendí	entendía	entenderé
entiendes	entendiste	entendías	entenderás
entiende	entendió	entendía	entenderá
entendemos	entendimos	entendíamos	entenderemos
entendéis	entendisteis	entendíais	entenderéis
entienden	entendieron	entendían	entenderán
조 건	접속법 현재	접속법 과거	명령형
entendería	entienda	entendiera(se)	entiende
entenderías	entiendas	entendieras(ses)	no entiendas
entendería	entienda	entendiera(se)	entienda
entenderíamos	entendamos	entendiéramos(semos)	entiendan
entenderíais	entendáis	entendierais(seis)	
entenderían	entiendan	entendieran(sen)	
현재분사 : entendiendo		과거분사 : entendido	

<table>
<tr><td colspan="4" align="center">establecer 설립하다</td></tr>
<tr><td align="center">직설법 현재</td><td align="center">단순과거</td><td align="center">불완료과거</td><td align="center">미 래</td></tr>
<tr>
<td>establezco
estableces
establece
establecemos
establecéis
establecen</td>
<td>establecí
estableciste
estableció
establecimos
establecisteis
establecieron</td>
<td>establecía
establecías
establecía
establecíamos
establecíais
establecían</td>
<td>estableceré
establecerás
establecerá
estableceremos
estableceréis
establecerán</td>
</tr>
<tr><td align="center">조 건</td><td align="center">접속법 현재</td><td align="center">접속법 과거</td><td align="center">명령형</td></tr>
<tr>
<td>establecería
establecerías
establecería
estableceríamos
estableceríais
establecerían</td>
<td>establezca
establezcas
establezca
establezcamos
establezcáis
establezcan</td>
<td>estableciera(se)
establecieras(ses)
estableciera(se)
estableciéramos(semos)
establecierais(seis)
establecieran(sen)</td>
<td>establece
no establazcas
establazca
establazcan</td>
</tr>
<tr><td colspan="2">현재분사 : estableciendo</td><td colspan="2">과거분사 : establecido</td></tr>
</table>

<table>
<tr><td colspan="4" align="center">estar 있다, 이다</td></tr>
<tr><td align="center">직설법 현재</td><td align="center">단순과거</td><td align="center">불완료과거</td><td align="center">미 래</td></tr>
<tr>
<td>estoy
estás
está
estamos
estáis
están</td>
<td>estuve
estuviste
estuvo
estuvimos
estuvisteis
estuvieron</td>
<td>estaba
estabas
estaba
estábamos
estabais
estaban</td>
<td>estaré
estarás
estará
estaremos
estaréis
estarán</td>
</tr>
<tr><td align="center">조 건</td><td align="center">접속법 현재</td><td align="center">접속법 과거</td><td align="center">명령형</td></tr>
<tr>
<td>estaría
estarías
estaría
estaríamos
estaríais
estarían</td>
<td>esté
estés
esté
estemos
estéis
estén</td>
<td>estuviera(se)
estuvieras(ses)
estuviera(se)
estuviéramos(semos)
estuvierais(seis)
estuvieran(sen)</td>
<td>está
no estés
esté
estén</td>
</tr>
<tr><td colspan="2">현재분사 : estando</td><td colspan="2">과거분사 : estado</td></tr>
</table>

<table>
<tr><td colspan="4" align="center">extender 넓히다</td></tr>
<tr><td align="center">직설법 현재</td><td align="center">단순과거</td><td align="center">불완료과거</td><td align="center">미　　래</td></tr>
<tr>
<td>extiendo
extiendes
extiende
extendemos
extendéis
extienden</td>
<td>extendí
extendiste
extendió
extendimos
extendisteis
extendieron</td>
<td>extendía
extendías
extendía
extendíamos
extendíais
extendían</td>
<td>extenderé
extenderás
extenderá
extenderemos
extenderéis
extenderán</td>
</tr>
<tr><td align="center">조　　　건</td><td align="center">접속법 현재</td><td align="center">접속법 과거</td><td align="center">명령형</td></tr>
<tr>
<td>extendería
extenderías
extendería
extenderíamos
extenderíais
extenderían</td>
<td>extienda
extiendas
extienda
extendamos
extendáis
extiendan</td>
<td>extendiera(se)
extendieras(ses)
extendiera(se)
extendiéramos(semos)
extendierais(seis)
extendieran(sen)</td>
<td>extiende
no extiendas
extienda
extiendan</td>
</tr>
<tr><td colspan="2">현재분사 : extendiendo</td><td colspan="2">과거분사 : extendido</td></tr>
</table>

<table>
<tr><td colspan="4" align="center">exigir 강요하다</td></tr>
<tr><td align="center">직설법 현재</td><td align="center">단순과거</td><td align="center">불완료과거</td><td align="center">미　　래</td></tr>
<tr>
<td>exijo
exiges
exige
exigimos
exigís
exigen</td>
<td>exigí
exigiste
exigió
exigimos
exigisteis
exigieron</td>
<td>exigía
exigías
exigía
exigíamos
exigíais
exigían</td>
<td>exigiré
exigirás
exigirá
exigiremos
exigiréis
exigirán</td>
</tr>
<tr><td align="center">조　　　건</td><td align="center">접속법 현재</td><td align="center">접속법 과거</td><td align="center">명령형</td></tr>
<tr>
<td>exigiría
exigirías
exigiría
exigiríamos
exigiríais
exigirían</td>
<td>exija
exijas
exija
exijamos
exijáis
exijan</td>
<td>exigiera(se)
exigieras(ses)
exigiera(se)
exigiéramos(semos)
exigierais(seis)
exigieran(sen)</td>
<td>exige
no exijas
exija
exijan</td>
</tr>
<tr><td colspan="2">현재분사 : exigiendo</td><td colspan="2">과거분사 : exigido</td></tr>
</table>

<table>
<tr><td colspan="4" align="center">haber 갖다</td></tr>
<tr><td>직설법 현재</td><td>단순과거</td><td>불완료과거</td><td>미　래</td></tr>
<tr><td>he
has
ha
hemos
habéis
han</td><td>hube
hubiste
hubo
hubimos
hubisteis
hubieron</td><td>había
habías
había
habíamos
habíais
habían</td><td>habré
habrás
habrá
habremos
habréis
habrán</td></tr>
<tr><td>조　　　건</td><td>접속법 현재</td><td>접속법 과거</td><td>명령형</td></tr>
<tr><td>habría
habrías
habría
habríamos
habríais
habrían</td><td>haya
hayas
haya
hayamos
hayáis
hayan</td><td>hubiera(se)
hubieras(ses)
hubiera(se)
hubiéramos(semos)
hubierais(seis)
hubieran(sen)</td><td></td></tr>
<tr><td colspan="2">현재분사 : habiendo</td><td colspan="2">과거분사 : habido</td></tr>
</table>

<table>
<tr><td colspan="4" align="center">hacer 만들다</td></tr>
<tr><td>직설법 현재</td><td>단순과거</td><td>불완료과거</td><td>미　래</td></tr>
<tr><td>hago
haces
hace
hacemos
hacéis
hacen</td><td>hice
hiciste
hizo
hicimos
hicisteis
hicieron</td><td>hacía
hacías
hacía
hacíamos
hacíais
hacían</td><td>haré
harás
hará
haremos
haréis
harán</td></tr>
<tr><td>조　　　건</td><td>접속법 현재</td><td>접속법 과거</td><td>명령형</td></tr>
<tr><td>haría
harías
haría
haríamos
haríais
harían</td><td>haga
hagas
haga
hagamos
hagáis
hagan</td><td>hiciera(se)
hicieras(ses)
hiciera(se)
hiciéramos(semos)
hicierais(seis)
hicieran(sen)</td><td>hace
no hagas
haga
hagan</td></tr>
<tr><td colspan="2">현재분사 : haciendo</td><td colspan="2">과거분사 : hecho</td></tr>
</table>

<table>
<tr><td colspan="4" align="center">herir 다치게하다</td></tr>
<tr><td>직설법 현재</td><td>단순과거</td><td>불완료과거</td><td>미　　래</td></tr>
<tr>
<td>hiero
hieres
hiere
herimos
herís
hieren</td>
<td>herí
heriste
hirió
herimos
heristeis
hirieron</td>
<td>hería
herías
hería
heríamos
heríais
herían</td>
<td>heriré
herirás
herirá
heriremos
heriréis
herirán</td>
</tr>
<tr><td>조　　　건</td><td>접속법 현재</td><td>접속법 과거</td><td>명령형</td></tr>
<tr>
<td>heriría
herirías
heriría
heriríamos
heriríais
herirían</td>
<td>hiera
hieras
hiera
hiramos
hiráis
hieran</td>
<td>hiriera(se)
hirieras(ses)
hiriera(se)
hiriéramos(semos)
hirierais(seis)
hirieran(sen)</td>
<td>hiere
no hieras
hiera
hieran</td>
</tr>
<tr><td colspan="2">현재분사 : hiriendo</td><td colspan="2">과거분사 : herido</td></tr>
</table>

<table>
<tr><td colspan="4" align="center">huir 도망치다</td></tr>
<tr><td>직설법 현재</td><td>단순과거</td><td>불완료과거</td><td>미　　래</td></tr>
<tr>
<td>huyo
huyes
huye
huimos
huís
huyen</td>
<td>huí
huiste
huyó
huimos
huisteis
huyeron</td>
<td>huía
huías
huía
huíamos
huíais
huían</td>
<td>huiré
huirás
huirá
huiremos
huiréis
huirán</td>
</tr>
<tr><td>조　　　건</td><td>접속법 현재</td><td>접속법 과거</td><td>명령형</td></tr>
<tr>
<td>huiría
huirías
huiría
huiríamos
huiríais
huirían</td>
<td>huya
huyas
huya
huyamos
huyáis
huyan</td>
<td>huyera(se)
huyeras(ses)
huyera(se)
huyéramos(semos)
huyerais(seis)
huyeran(sen)</td>
<td>huye
no huyas
huya
huyan</td>
</tr>
<tr><td colspan="2">현재분사 : huyendo</td><td colspan="2">과거분사 : huido</td></tr>
</table>

<table>
<tr><td colspan="4" align="center">impedir 방해하다</td></tr>
<tr><td align="center">직설법 현재</td><td align="center">단순과거</td><td align="center">불완료과거</td><td align="center">미　래</td></tr>
<tr><td>impido
impides
impide
impedimos
impedís
impiden</td><td>impedí
impediste
impidió
impedimos
impedisteis
impidieron</td><td>impedía
impedías
impedía
impedíamos
impedíais
impedían</td><td>impediré
impedirás
impedirá
impediremos
impediréis
impedirán</td></tr>
<tr><td align="center">조　　　건</td><td align="center">접속법 현재</td><td align="center">접속법 과거</td><td align="center">명령형</td></tr>
<tr><td>impediría
impedirías
impediría
impediríamos
impediríais
impedirían</td><td>impida
impidas
impida
impidamos
impidáis
impidan</td><td>impidiera(se)
impidieras(ses)
impidiera(se)
impidiéramos(semos)
impidierais(seis)
impidieran(sen)</td><td>impide
no impidas
impida
impidan</td></tr>
<tr><td colspan="2">현재분사 : impidiendo</td><td colspan="2">과거분사 : impedido</td></tr>
</table>

<table>
<tr><td colspan="4" align="center">intervenir　개입하다</td></tr>
<tr><td align="center">직설법 현재</td><td align="center">단순과거</td><td align="center">불완료과거</td><td align="center">미　래</td></tr>
<tr><td>invervengo
intervienes
interviene
intervenimos
intervenís
intervienen</td><td>intervine
interviniste
intervino
intervinimos
intervinisteis
intervinieron</td><td>intervenía
intervenías
intervenía
interveníamos
interveníais
intervenían</td><td>intervendré
intervendrás
intervendrá
intervendremos
intervendréis
intervendrán</td></tr>
<tr><td align="center">조　　　건</td><td align="center">접속법 현재</td><td align="center">접속법 과거</td><td align="center">명령형</td></tr>
<tr><td>intervendría
intervendrías
intervendría
intervendríamos
intervendríais
intervendrían</td><td>intervenga
intervengas
intervenga
intervengamos
intervengáis
intervengan</td><td>interviniera(se)
intervinieras(ses)
interviniera(se)
interviniéramos(semos)
intervinierais(seis)
intervinieran(sen)</td><td>intervén
no intervengas
intervenga
intervengan</td></tr>
<tr><td colspan="2">현재분사 : interviniendo</td><td colspan="2">과거분사 : intervenido</td></tr>
</table>

<table>
<tr><td colspan="4" align="center">ir 가다</td></tr>
<tr><td align="center">직설법 현재</td><td align="center">단순과거</td><td align="center">불완료과거</td><td align="center">미 래</td></tr>
<tr><td>voy
vas
va
vamos
vais
van</td><td>fui
fuiste
fue
fuimos
fuisteis
fueron</td><td>iba
ibas
iba
íbamos
ibais
iban</td><td>iré
irás
irá
iremos
iréis
irán</td></tr>
<tr><td align="center">조 건</td><td align="center">접속법 현재</td><td align="center">접속법 과거</td><td align="center">명령형</td></tr>
<tr><td>iría
irías
iría
iríamos
iríais
irían</td><td>vaya
vayas
vaya
vayamos
vayáis
vayan</td><td>fuera(se)
fueras(ses)
fuera(se)
fuéramos(semos)
fuerais(seis)
fueran(sen)</td><td>ve
no vayas
vaya
vayan</td></tr>
<tr><td colspan="2">현재분사 : yendo</td><td colspan="2">과거분사 : ido</td></tr>
</table>

<table>
<tr><td colspan="4" align="center">jugar 놀다</td></tr>
<tr><td align="center">직설법 현재</td><td align="center">단순과거</td><td align="center">불완료과거</td><td align="center">미 래</td></tr>
<tr><td>juego
juegas
juega
jugamos
jugáis
juegan</td><td>jugué
jugaste
jugó
jugamos
jugasteis
jugaron</td><td>jugaba
jugabas
jugaba
jugábamos
jugabais
jugaban</td><td>jugaré
jugarás
jugará
jugaremos
jugaréis
jugarán</td></tr>
<tr><td align="center">조 건</td><td align="center">접속법 현재</td><td align="center">접속법 과거</td><td align="center">명령형</td></tr>
<tr><td>jugaría
jugarías
jugairía
jugaríamos
jugaríais
jugarían</td><td>juegue
juegues
juegue
juguemos
juguéis
jueguen</td><td>jugara(se)
jugaras(ses)
jugara(se)
jugáramos(semos)
jugarais(seis)
jugaran(sen)</td><td>juega
no juegues
juegue
jueguen</td></tr>
<tr><td colspan="2">현재분사 : jugando</td><td colspan="2">과거분사 : jugado</td></tr>
</table>

llover 비가 오다			
직설법 현재	단순과거	불완료과거	미 래
llueve	llovió	llovía	lloverá
조 건	접속법 현재	접속법 과거	명령형
llovería	llueva	lloviera	
현재분사 : lloviendo		과거분사 : llovido	

morder 물다			
직설법 현재	단순과거	불완료과거	미 래
muerdo	mordí	mordía	morderé
muerdes	mordiste	mordías	morderás
muerde	mordió	mordía	morderá
mordemos	mordimos	mordíamos	morderemos
mordéis	mordisteis	mordíais	morderéis
muerden	mordieron	mordían	morderán
조 건	접속법 현재	접속법 과거	명령형
mordería	muerda	mordiera(se)	muerde
morderías	muerdas	mordieras(ses)	no muerdas
mordería	muerda	mordiera(se)	muerda
morderíamos	mordamos	mordiéramos(semos)	muerdan
morderíais	mordáis	mordierais(seis)	
morderían	muerdan	mordieran(sen)	
현재분사 : mordiendo		과거분사 : mordido	

<table>
<tr><td colspan="4" align="center">morir 죽다</td></tr>
<tr><td align="center">직설법 현재</td><td align="center">단순과거</td><td align="center">불완료과거</td><td align="center">미 래</td></tr>
<tr><td>muero
mueres
muere
morimos
morís
mueren</td><td>morí
moriste
murió
morimos
moristeis
murieron</td><td>moría
morías
moría
moríamos
moríais
morían</td><td>moriré
morirás
morirá
moriremos
moriréis
morirán</td></tr>
<tr><td align="center">조 건</td><td align="center">접속법 현재</td><td align="center">접속법 과거</td><td align="center">명령형</td></tr>
<tr><td>moriría
morirías
moriría
moriríamos
moriríais
morirían</td><td>muera
mueras
muera
muramos
muráis
mueran</td><td>muriera(se)
murieras(ses)
muriera(se)
muriéramos(semos)
murierais(seis)
murieran(sen)</td><td>muere
no mueras
muera
mueran</td></tr>
<tr><td colspan="2">현재분사 : muriendo</td><td colspan="2">과거분사 : muerto</td></tr>
</table>

<table>
<tr><td colspan="4" align="center">mostrar 보여주다</td></tr>
<tr><td align="center">직설법 현재</td><td align="center">단순과거</td><td align="center">불완료과거</td><td align="center">미 래</td></tr>
<tr><td>muestro
muestras
muestra
mostramos
mostráis
muestran</td><td>mostré
mostraste
mostró
mostramos
mostrasteis
mostraron</td><td>mostraba
mostrabas
mostraba
mostrábamos
mostrabais
mostraban</td><td>mostraré
mostrarás
mostrará
mostraremos
mostraréis
mostrarán</td></tr>
<tr><td align="center">조 긴</td><td align="center">접속법 현재</td><td align="center">접속법 과거</td><td align="center">명령형</td></tr>
<tr><td>mostraría
mostrarías
mostraría
mostraríamos
mostraríais
mostrarían</td><td>muestre
muestres
muestre
mostremos
mostréis
muestren</td><td>mostrara(se)
mostraras(ses)
mostrara(se)
mostráramos(semos)
mostrarais(seis)
mostraran(sen)</td><td>muestra
no muestres
muestre
muestren</td></tr>
<tr><td colspan="2">현재분사 : mostrando</td><td colspan="2">과거분사 : mostrado</td></tr>
</table>

mover 움직이다			
직설법 현재	단순과거	불완료과거	미 래
muevo	moví	movía	moveré
mueves	moviste	movías	moverás
mueve	movió	movía	moverá
movemos	movimos	movíamos	moveremos
movéis	movisteis	movíais	moveréis
mueven	movieron	movían	moverán
조 건	접속법 현재	접속법 과거	명령형
movería	mueva	moviera(se)	
moverías	muevas	movieras(ses)	muve
movería	mueva	moviera(se)	no muevas
moveríamos	movamos	moviéramos(semos)	mueva
moveríais	mováis	movierais(seis)	muevan
moverían	muevan	movieran(sen)	

현재분사 : moviendo　　　　　　　　　　과거분사 : movido

nacer 태어나다			
직설법 현재	단순과거	불완료과거	미 래
nasco	nací	nacía	naceré
naces	naciste	nacías	nacerás
nace	nació	nacía	nacerá
nacemos	nacimos	nacíamos	naceremos
nacéis	nacisteis	nacíais	naceréis
nacen	nacieron	nacían	nacerán
조 건	접속법 현재	접속법 과거	명령형
nacería	nazca	naciera(se)	
nacerías	nazcas	nacieras(ses)	
nacería	nazca	naciera(se)	
naceríamos	nazcamos	naciéramos(semos)	
naceríais	nazcáis	nacierais(seis)	
nacerían	nazcan	nacieran(sen)	

현재분사 : naciendo　　　　　　　　　　과거분사 : nacido

<table>
<tr><td colspan="4" align="center">nevar 눈이 오다</td></tr>
<tr><td align="center">직설법 현재</td><td align="center">단순과거</td><td align="center">불완료과거</td><td align="center">미　　래</td></tr>
<tr><td>nieva</td><td>nevó</td><td>nevaba</td><td>nevará</td></tr>
<tr><td align="center">조　　　　건</td><td align="center">접속법 현재</td><td align="center">접속법 과거</td><td align="center">명령형</td></tr>
<tr><td>nevaría</td><td>nieve</td><td>nevara</td><td></td></tr>
<tr><td colspan="2">현재분사 : nevando</td><td colspan="2">과거분사 : nevado</td></tr>
</table>

<table>
<tr><td colspan="4" align="center">obedecer 복종하다</td></tr>
<tr><td align="center">직설법 현재</td><td align="center">단순과거</td><td align="center">불완료과거</td><td align="center">미　　래</td></tr>
<tr><td>obedezco
obedeces
obedece
obedecemos
obedecéis
obedecen</td><td>obedecí
obedeciste
obedeció
obedecimos
obedecisteis
obedecieron</td><td>obedecía
obedecías
obedecía
obedecíamos
obedecíais
obedecían</td><td>obedeceré
obedecerás
obedecerá
obedeceremos
obedeceréis
obedecerán</td></tr>
<tr><td align="center">조　　　　건</td><td align="center">접속법 현재</td><td align="center">접속법 과거</td><td align="center">명령형</td></tr>
<tr><td>obedecería
obedecerías
obedecería
obedeceríamos
obedeceríais
obedecerían</td><td>obedezca
obedezcas
obedezca
obedezcamos
obedezcáis
obedezcan</td><td>obedeciera(se)
obedecieras(ses)
obedeciera(se)
obedeciéramos(semos)
obedecierais(seis)
obedecieran(sen)</td><td>obedece
no obedezcas
obedezca
obedezcan</td></tr>
<tr><td colspan="2">현재분사 : obedeciendo</td><td colspan="2">과거분사 : obedecido</td></tr>
</table>

oir 듣다			
직설법 현재	단순과거	불완료과거	미　래
oigo	oí	oía	oiré
oyes	oíste	oías	oirás
oye	oyó	oía	oirá
oímos	oímos	oíamos	oiremos
oís	oísteis	oíais	oiréis
oyen	oyeron	oían	oirán
조　　　건	접속법 현재	접속법 과거	명령형
oiría	oiga	oyera(se)	
oirías	oigas	oyeras(ses)	oye
oiría	oiga	oyera(se)	no oigas
oiríamos	oigamos	oyéramos(semos)	oiga
oiríais	oigáis	oyerais(seis)	oigan
oirían	oigan	oyeran(sen)	

현재분사 : oyendo　　　　　　　　　　　　과거분사 : oído

oler 냄새를 맡다			
직설법 현재	단순과거	불완료과거	미　래
huelo	olí	olía	oleré
hueles	oliste	olías	olerás
huele	olió	olía	olerá
olemos	olimos	olíamos	oleremos
oléis	olisteis	olíais	oleréis
huelen	olieron	olían	olerán
조　　　건	접속법 현재	접속법 과거	명령형
olería	huela	oliera(se)	
olerías	huelas	olieras(ses)	huele
olería	huela	oliera(se)	no huelas
oleríamos	olamos	oliéramos(semos)	huela
oleríais	oláis	olierais(seis)	huelan
olerían	huelan	olieran(sen)	

현재분사 : oliendo　　　　　　　　　　　　과거분사 : olido

<table>
<tr><td colspan="4" align="center">parecer ...처럼 보이다</td></tr>
<tr><td align="center">직설법 현재</td><td align="center">단순과거</td><td align="center">불완료과거</td><td align="center">미 래</td></tr>
<tr><td>parezco
pareces
parece
parecemos
parecéis
parecen</td><td>parecí
pareciste
pareció
parecimos
parecisteis
parecieron</td><td>parecía
parecías
parecía
parecíamos
parecíais
parecían</td><td>pareceré
parecerás
parecerá
pareceremos
pareceréis
parecerán</td></tr>
<tr><td align="center">조   건</td><td align="center">접속법 현재</td><td align="center">접속법 과거</td><td align="center">명령형</td></tr>
<tr><td>parecería
parecerías
parecería
pareceríamos
pareceríais
parecerían</td><td>parezca
parezcas
parezca
parezcamos
parezcáis
parezcan</td><td>pareciera(se)
parecieras(ses)
pareciera(se)
pareciéramos(semos)
parecierais(seis)
parecieran(sen)</td><td>parece
no parezcas
parezca
parezcan</td></tr>
<tr><td colspan="2">현재분사 : pareciendo</td><td colspan="2">과거분사 : parecido</td></tr>
</table>

<table>
<tr><td colspan="4" align="center">pedir 요구하다</td></tr>
<tr><td align="center">직설법 현재</td><td align="center">단순과거</td><td align="center">불완료과거</td><td align="center">미 래</td></tr>
<tr><td>pido
pides
pide
pedimos
pedís
piden</td><td>pedí
pediste
pidió
pedimos
pedisteis
pidieron</td><td>pedía
pedías
pedía
pedíamos
pedíais
pedían</td><td>pediré
pedirás
pedirá
pediremos
pediréis
pedirán</td></tr>
<tr><td align="center">조   건</td><td align="center">접속법 현재</td><td align="center">접속법 과거</td><td align="center">명령형</td></tr>
<tr><td>pediría
pedirías
pediría
pediríamos
pediríais
pedirían</td><td>pida
pidas
pida
pidamos
pidáis
pidan</td><td>pidiera(se)
pidieras(ses)
pidiera(se)
pidiéramos(semos)
pidierais(seis)
pidieran(sen)</td><td>pide
no pidas
pida
pidan</td></tr>
<tr><td colspan="2">현재분사 : pidiendo</td><td colspan="2">과거분사 : pedido</td></tr>
</table>

<table>
<tr><td colspan="4" align="center">pensar 생각하다</td></tr>
<tr><td align="center">직설법 현재</td><td align="center">단순과거</td><td align="center">불완료과거</td><td align="center">미　래</td></tr>
<tr><td>pienso
piensas
piensa
pensamos
pensáis
piensan</td><td>pensé
pensaste
pensó
pensamos
pensasteis
pensaron</td><td>pensaba
pensabas
pensaba
pensábamos
pensabais
pensaban</td><td>pensaré
pensarás
pensará
pensaremos
pensaréis
pensarán</td></tr>
<tr><td align="center">조　　　건</td><td align="center">접속법 현재</td><td align="center">접속법 과거</td><td align="center">명령형</td></tr>
<tr><td>pensaría
pensarías
pensaría
pensaríamos
pensaríais
pensarían</td><td>piense
pienses
piense
pensemos
penséis
piensen</td><td>pensara(se)
pensaras(ses)
pensara(se)
pensáramos(semos)
pensarais(seis)
pensaran(sen)</td><td>piensa
no pienses
piense
piensen</td></tr>
<tr><td colspan="2">현재분사 : pensando</td><td colspan="2">과거분사 : pensado</td></tr>
</table>

<table>
<tr><td colspan="4" align="center">perder 잃다</td></tr>
<tr><td align="center">직설법 현재</td><td align="center">단순과거</td><td align="center">불완료과거</td><td align="center">미　래</td></tr>
<tr><td>pierdo
pierdes
pierde
perdemos
perdéis
pierden</td><td>perdí
perdiste
perdió
perdimos
perdisteis
perdieron</td><td>perdía
perdías
perdía
perdíamos
perdíais
perdían</td><td>perderé
perderás
perderá
perderemos
perderéis
perderán</td></tr>
<tr><td align="center">조　　　건</td><td align="center">접속법 현재</td><td align="center">접속법 과거</td><td align="center">명령형</td></tr>
<tr><td>perdería
perderías
perdería
perderíamos
perderíais
perderían</td><td>pierda
pierdas
pierda
perdamos
perdáis
pierdan</td><td>perdiera(se)
perdieras(ses)
perdiera(se)
perdiéramos(semos)
perdierais(seis)
perdieran(sen)</td><td>pierde
no pierdas
pierda
pierdan</td></tr>
<tr><td colspan="2">현재분사 : perdiendo</td><td colspan="2">과거분사 : perdido</td></tr>
</table>

<table>
<tr><td colspan="4" align="center">poder 할 수 있다</td></tr>
<tr><td align="center">직설법 현재</td><td align="center">단순과거</td><td align="center">불완료과거</td><td align="center">미 래</td></tr>
<tr><td>puedo</td><td>pude</td><td>podía</td><td>podré</td></tr>
<tr><td>puedes</td><td>pudiste</td><td>podías</td><td>podrás</td></tr>
<tr><td>puede</td><td>pudo</td><td>podía</td><td>podrá</td></tr>
<tr><td>podemos</td><td>pudimos</td><td>podíamos</td><td>podremos</td></tr>
<tr><td>podéis</td><td>pudisteis</td><td>podíais</td><td>podréis</td></tr>
<tr><td>pueden</td><td>pudieron</td><td>podían</td><td>podrán</td></tr>
<tr><td align="center">조 건</td><td align="center">접속법 현재</td><td align="center">접속법 과거</td><td align="center">명령형</td></tr>
<tr><td>podría</td><td>pueda</td><td>pudiera(se)</td><td rowspan="6">puede
no puedas
pueda
puedan</td></tr>
<tr><td>podrías</td><td>puedas</td><td>pudieras(ses)</td></tr>
<tr><td>podría</td><td>pueda</td><td>pudiera(se)</td></tr>
<tr><td>podríamos</td><td>podamos</td><td>pudiéramos(semos)</td></tr>
<tr><td>podríais</td><td>podáis</td><td>pudierais(seis)</td></tr>
<tr><td>podrían</td><td>puedan</td><td>pudieran(sen)</td></tr>
<tr><td colspan="2">현재분사 : pudiendo</td><td colspan="2">과거분사 : podido</td></tr>
</table>

<table>
<tr><td colspan="4" align="center">poner 놓다</td></tr>
<tr><td align="center">직설법 현재</td><td align="center">단순과거</td><td align="center">불완료과거</td><td align="center">미 래</td></tr>
<tr><td>pongo</td><td>puse</td><td>ponía</td><td>pondré</td></tr>
<tr><td>pones</td><td>pusiste</td><td>ponías</td><td>pondrás</td></tr>
<tr><td>pone</td><td>puso</td><td>ponía</td><td>pondrá</td></tr>
<tr><td>ponemos</td><td>pusimos</td><td>poníamos</td><td>pondremos</td></tr>
<tr><td>ponéis</td><td>pusisteis</td><td>poníais</td><td>pondréis</td></tr>
<tr><td>ponen</td><td>pusieron</td><td>ponían</td><td>pondrán</td></tr>
<tr><td align="center">조 건</td><td align="center">접속법 현재</td><td align="center">접속법 과거</td><td align="center">명령형</td></tr>
<tr><td>pondría</td><td>ponga</td><td>pusiera(se)</td><td rowspan="6">pon
no pongas
ponga
pongan</td></tr>
<tr><td>pondrías</td><td>pongas</td><td>pusieras(ses)</td></tr>
<tr><td>pondría</td><td>ponga</td><td>pusiera(se)</td></tr>
<tr><td>pondríamos</td><td>pongamos</td><td>pusiéramos(semos)</td></tr>
<tr><td>pondríais</td><td>pongáis</td><td>pusierais(seis)</td></tr>
<tr><td>pondrían</td><td>pongan</td><td>pusieran(sen)</td></tr>
<tr><td colspan="2">현재분사 : poniendo</td><td colspan="2">과거분사 : puesto</td></tr>
</table>

<table>
<tr><td colspan="4" align="center">preferir 선호하다</td></tr>
<tr><td>직설법 현재</td><td>단순과거</td><td>불완료과거</td><td>미　래</td></tr>
<tr>
<td>prefiero
prefieres
prefiere
preferimos
preferís
prefieren</td>
<td>preferí
preferiste
prefirió
preferimos
preferisteis
prefirieron</td>
<td>prefería
preferías
prefería
preferíamos
preferíais
preferían</td>
<td>preferiré
preferirás
preferirá
preferiremos
preferiréis
preferirán</td>
</tr>
<tr><td>조　　건</td><td>접속법 현재</td><td>접속법 과거</td><td>명령형</td></tr>
<tr>
<td>preferiría
preferirías
preferiría
preferiríamos
preferiríais
preferirían</td>
<td>prefiera
prefieras
prefiera
prefiramos
prefiráis
prefieran</td>
<td>prefiriera(se)
prefirieras(ses)
prefiriera(se)
prefiriéramos(semos)
prefirierais(seis)
prefirieran(sen)</td>
<td>prefiere
no prefieras
prefiera
prefieran</td>
</tr>
<tr><td colspan="2">현재분사 : prefiriendo</td><td colspan="2">과거분사 : preferido</td></tr>
</table>

<table>
<tr><td colspan="4" align="center">probar 시험해보다, 맛보다</td></tr>
<tr><td>직설법 현재</td><td>단순과거</td><td>불완료과거</td><td>미　래</td></tr>
<tr>
<td>pruebo
pruebas
prueba
probamos
probáis
prueban</td>
<td>probé
probaste
probó
probamos
probasteis
probaron</td>
<td>probaba
probabas
probaba
probábamos
probabais
probaban</td>
<td>probaré
probarás
probará
probaremos
probaréis
probarán</td>
</tr>
<tr><td>조　　건</td><td>접속법 현재</td><td>접속법 과거</td><td>명령형</td></tr>
<tr>
<td>probaría
probarías
probaría
probaríamos
probaríais
probarían</td>
<td>pruebe
pruebes
pruebe
probemos
probéis
prueben</td>
<td>probara(se)
probaras(ses)
probara(se)
probáramos(semos)
probarais(seis)
probaran(sen)</td>
<td>prueba
no pruebes
pruebe
prueben</td>
</tr>
<tr><td colspan="2">현재분사 : probando</td><td colspan="2">과거분사 : probado</td></tr>
</table>

<table>
<tr><td colspan="4" align="center">producir 생산하다</td></tr>
<tr><td align="center">직설법 현재</td><td align="center">단순과거</td><td align="center">불완료과거</td><td align="center">미　　래</td></tr>
<tr><td>produzco
produces
produce
producimos
producís
producen</td><td>produje
produjiste
produjo
produjimos
produjisteis
produjeron</td><td>producía
producías
producía
producíamos
producíais
producían</td><td>produciré
producirás
producirá
produciremos
produciréis
producirán</td></tr>
<tr><td align="center">조　　　건</td><td align="center">접속법 현재</td><td align="center">접속법 과거</td><td align="center">명령형</td></tr>
<tr><td>produciría
producirías
produciría
produciríamos
produciríais
producirían</td><td>produzca
produzcas
produzca
produzcamos
produzcáis
produzcan</td><td>produjera(se)
produjeras(ses)
produjera(se)
produjéramos(semos)
produjerais(seis)
produjeran(sen)</td><td>produce
no produzcas
produzca
produzcan</td></tr>
<tr><td colspan="4">현재분사 : produciendo　　　　　　　　　과거분사 : producido</td></tr>
</table>

<table>
<tr><td colspan="4" align="center">proponer 제안하다</td></tr>
<tr><td align="center">직설법 현재</td><td align="center">단순과거</td><td align="center">불완료과거</td><td align="center">미　　래</td></tr>
<tr><td>propongo
propones
propone
proponemos
proponéis
proponen</td><td>propuse
propusiste
propuso
propusimos
propusisteis
propusieron</td><td>proponía
proponías
proponía
proponíamos
proponíais
proponían</td><td>propondré
propondrás
propondrá
propondremos
propondréis
propondrán</td></tr>
<tr><td align="center">조　　　건</td><td align="center">접속법 현재</td><td align="center">접속법 과거</td><td align="center">명령형</td></tr>
<tr><td>propondría
propondrías
propondría
propondríamos
propondríais
propondrían</td><td>proponga
propongas
proponga
propongamos
propongáis
propongan</td><td>propusiera(se)
propusieras(ses)
propusiera(se)
propusiéramos(semos)
propusierais(seis)
propusieran(sen)</td><td>propón
no propongas
proponga
propongan</td></tr>
<tr><td colspan="4">현재분사 : proponiendo　　　　　　　　　과거분사 : propuesto</td></tr>
</table>

<table>
<tr><td colspan="4" align="center">querer 좋아하다</td></tr>
<tr><td align="center">직설법 현재</td><td align="center">단순과거</td><td align="center">불완료과거</td><td align="center">미　래</td></tr>
<tr><td>quiero
quieres
quiere
queremos
queréis
quieren</td><td>quise
quisiste
quiso
quisimos
quisisteis
quisieron</td><td>quería
querías
quería
queríamos
queríais
querían</td><td>querré
querrás
querrá
querremos
querréis
querrán</td></tr>
<tr><td align="center">조　　　건</td><td align="center">접속법 현재</td><td align="center">접속법 과거</td><td align="center">명령형</td></tr>
<tr><td>querría
querrías
querría
querríamos
querríais
querrían</td><td>quiera
quieras
quiera
queramos
queráis
quieran</td><td>quisiera(se)
quisieras(ses)
quisiera(se)
quisiéramos(semos)
quisierais(seis)
quisieran(sen)</td><td>quiere
no quieras
quiera
quieran</td></tr>
<tr><td colspan="2">현재분사 : queriendo</td><td colspan="2">과거분사 : querido</td></tr>
</table>

<table>
<tr><td colspan="4" align="center">recomendar 권하다</td></tr>
<tr><td align="center">직설법 현재</td><td align="center">단순과거</td><td align="center">불완료과거</td><td align="center">미　래</td></tr>
<tr><td>recomiendo
recomiendas
recomienda
recomendamos
recomendáis
recomiendan</td><td>recomendé
recomendaste
recomendó
recomendamos
recomendasteis
recomendaron</td><td>recomendaba
recomendabas
recomendaba
recomendábamos
recomendabais
recomendaban</td><td>recomendaré
recomendarás
recomendará
recomendaremos
recomendaréis
recomendarán</td></tr>
<tr><td align="center">조　　　건</td><td align="center">접속법 현재</td><td align="center">접속법 과거</td><td align="center">명령형</td></tr>
<tr><td>recomendaría
recomendarías
recomendaría
recomendríamos
recomendaríais
recomendarían</td><td>recomiende
recomiendes
recomiende
recomendemos
recomendéis
recomienden</td><td>recomendara(se)
recomendaras(ses)
recomendara(se)
recomendáramos(semos)
recomendarais(seis)
recomendaran(sen)</td><td>recomienda
no recomindes
recomiende
recomienden</td></tr>
<tr><td colspan="2">현재분사 : recomendando</td><td colspan="2">과거분사 : recomendado</td></tr>
</table>

<table>
<tr><td colspan="4" align="center">recordar 기억하다</td></tr>
<tr><td align="center">직설법 현재</td><td align="center">단순과거</td><td align="center">불완료과거</td><td align="center">미　　래</td></tr>
<tr><td>recuerdo
recuerdas
recuerda
recordamos
recordáis
recuerdan</td><td>recordé
recordaste
recordó
recordamos
recordasteis
recordaron</td><td>recordaba
recordabas
recordaba
recordábamos
recordabais
recordaban</td><td>recordaré
recordarás
recordará
recordaremos
recordaréis
recordarán</td></tr>
<tr><td align="center">조　　　건</td><td align="center">접속법 현재</td><td align="center">접속법 과거</td><td align="center">명령형</td></tr>
<tr><td>recordaría
recordarías
recordaría
recordaríamos
recordaríais
recordarían</td><td>recuerde
recuerdes
recuerde
recordemos
recordéis
recuerden</td><td>recordara(se)
recordaras(ses)
recordara(se)
recordáramos(semos)
recordarais(seis)
recordaran(sen)</td><td>recuerda
no recuerdes
recuerde
recuerden</td></tr>
<tr><td colspan="2">현재분사 : recordando</td><td colspan="2">과거분사 : recordado</td></tr>
</table>

<table>
<tr><td colspan="4" align="center">reir 웃다</td></tr>
<tr><td align="center">직설법 현재</td><td align="center">단순과거</td><td align="center">불완료과거</td><td align="center">미　　래</td></tr>
<tr><td>río
ríes
ríe
reímos
reís
ríen</td><td>reí
reíste
rio
reímos
reísteis
rieron</td><td>reía
reías
reía
reíamos
reíais
reían</td><td>reiré
reirás
reirá
reiremos
reiréis
reirán</td></tr>
<tr><td align="center">조　　　건</td><td align="center">접속법 현재</td><td align="center">접속법 과거</td><td align="center">명령형</td></tr>
<tr><td>reiría
reirías
reiría
reiríamos
reiríais
reirían</td><td>ría
rías
ría
riamos
riais
rían</td><td>riera(se)
rieras(ses)
riera(se)
riéramos(semos)
rierais(seis)
rieran(sen)</td><td>ríe
no rías
ría
rían</td></tr>
<tr><td colspan="2">현재분사 : riendo</td><td colspan="2">과거분사 : reído</td></tr>
</table>

<table>
<tr><td colspan="4" align="center">repetir 반복하다</td></tr>
<tr><td align="center">직설법 현재</td><td align="center">단순과거</td><td align="center">불완료과거</td><td align="center">미　래</td></tr>
<tr><td>repito</td><td>repetí</td><td>repetía</td><td>repetiré</td></tr>
<tr><td>repites</td><td>repetiste</td><td>repetías</td><td>repetirás</td></tr>
<tr><td>repite</td><td>repitió</td><td>repetía</td><td>repetirá</td></tr>
<tr><td>repetimos</td><td>repetimos</td><td>repetíamos</td><td>repetiremos</td></tr>
<tr><td>repetís</td><td>repetisteis</td><td>repetíais</td><td>repetiréis</td></tr>
<tr><td>repiten</td><td>repitieron</td><td>repetían</td><td>repetirán</td></tr>
<tr><td align="center">조　　　건</td><td align="center">접속법 현재</td><td align="center">접속법 과거</td><td align="center">명령형</td></tr>
<tr><td>repetiría</td><td>repita</td><td>repitiera(se)</td><td rowspan="6">repite
no repitas
repita
repitan</td></tr>
<tr><td>repetirías</td><td>repitas</td><td>repitieras(ses)</td></tr>
<tr><td>repetiría</td><td>repita</td><td>repitiera(se)</td></tr>
<tr><td>repetiríamos</td><td>repitamos</td><td>repitiéramos(semos)</td></tr>
<tr><td>repetiríais</td><td>repitáis</td><td>repitierais(seis)</td></tr>
<tr><td>repetirían</td><td>repitan</td><td>repitieran(sen)</td></tr>
<tr><td colspan="2">현재분사 : repitiendo</td><td colspan="2">과거분사 : repetido</td></tr>
</table>

<table>
<tr><td colspan="4" align="center">resolver 해결하다</td></tr>
<tr><td align="center">직설법 현재</td><td align="center">단순과거</td><td align="center">불완료과거</td><td align="center">미　래</td></tr>
<tr><td>resuelvo</td><td>resolví</td><td>resolvía</td><td>resolveré</td></tr>
<tr><td>resuelves</td><td>resolviste</td><td>resolvías</td><td>resolverás</td></tr>
<tr><td>resuelve</td><td>resolvió</td><td>resolvía</td><td>resolverá</td></tr>
<tr><td>resolvemos</td><td>resolvimos</td><td>resolvíamos</td><td>resolveremos</td></tr>
<tr><td>resolvéis</td><td>resolvisteis</td><td>resolvíais</td><td>resolveréis</td></tr>
<tr><td>resuelven</td><td>resolvieron</td><td>resolvían</td><td>resolverán</td></tr>
<tr><td align="center">조　　　건</td><td align="center">접속법 현재</td><td align="center">접속법 과거</td><td align="center">명령형</td></tr>
<tr><td>resolvería</td><td>resuelva</td><td>resolviera(se)</td><td rowspan="6">resuelve
no resuelvas
resuelva
resuelvan</td></tr>
<tr><td>resolverías</td><td>resuelvas</td><td>resolvieras(ses)</td></tr>
<tr><td>resolvería</td><td>resuelva</td><td>resolviera(se)</td></tr>
<tr><td>resolveríamos</td><td>resolvamos</td><td>resolviéramos(semos)</td></tr>
<tr><td>resolveríais</td><td>resolváis</td><td>resolvierais(seis)</td></tr>
<tr><td>resolverían</td><td>resuelvan</td><td>resolvieran(sen)</td></tr>
<tr><td colspan="2">현재분사 : resolviendo</td><td colspan="2">과거분사 : resuelto</td></tr>
</table>

<table>
<tr><td colspan="4" align="center">rogar 간청하다</td></tr>
<tr><td align="center">직설법 현재</td><td align="center">단순과거</td><td align="center">불완료과거</td><td align="center">미 래</td></tr>
<tr><td>ruego
ruegas
ruega
rogamos
rogáis
ruegan</td><td>rogué
rogaste
rogó
rogamos
rogasteis
rogaron</td><td>rogaba
rogabas
rogaba
rogábamos
rogabais
rogaban</td><td>rogaré
rogarás
rogará
rogaremos
rogaréis
rogarán</td></tr>
<tr><td align="center">조 건</td><td align="center">접속법 현재</td><td align="center">접속법 과거</td><td align="center">명령형</td></tr>
<tr><td>rogaría
rogarías
rogaría
rogaríamos
rogaríais
rogarían</td><td>ruegue
ruegues
ruegue
roguemos
roguéis
rueguen</td><td>rogara(se)
rogaras(ses)
rogara(se)
rogáramos(semos)
rogarais(seis)
rogaran(sen)</td><td>ruega
no ruegues
ruegue
rueguen</td></tr>
<tr><td colspan="2">현재분사 : rogando</td><td colspan="2">과거분사 : rogado</td></tr>
</table>

<table>
<tr><td colspan="4" align="center">saber 알다</td></tr>
<tr><td align="center">직설법 현재</td><td align="center">단순과거</td><td align="center">불완료과거</td><td align="center">미 래</td></tr>
<tr><td>sé
sabes
sabe
sabemos
sabéis
saben</td><td>supe
supiste
supo
supimos
supisteis
supieron</td><td>sabía
sabías
sabía
sabíamos
sabíais
sabían</td><td>sabré
sabrás
sabrá
sabremos
sabréis
sabrán</td></tr>
<tr><td align="center">조 건</td><td align="center">접속법 현재</td><td align="center">접속법 과거</td><td align="center">명령형</td></tr>
<tr><td>sabría
sabrías
sabría
sabríamos
sabríais
sabrían</td><td>sepa
sepas
sepa
sepamos
sepáis
sepan</td><td>supiera(se)
supieras(ses)
supiera(se)
supiéramos(semos)
supierais(seis)
supieran(sen)</td><td>sabe
no sepas
sepa
sepan</td></tr>
<tr><td colspan="2">현재분사 : sabiendo</td><td colspan="2">과거분사 : sabido</td></tr>
</table>

<table>
<tr><td colspan="4" align="center">salir 나가다</td></tr>
<tr><td align="center">직설법 현재</td><td align="center">단순과거</td><td align="center">불완료과거</td><td align="center">미　래</td></tr>
<tr><td>salgo
sales
sale
salimos
salís
salen</td><td>salí
saliste
salió
salimos
salisteis
salieron</td><td>salía
salías
salía
salíamos
salíais
salían</td><td>saldré
saldrás
saldrá
saldremos
saldréis
saldrán</td></tr>
<tr><td align="center">조　　건</td><td align="center">접속법 현재</td><td align="center">접속법 과거</td><td align="center">명령형</td></tr>
<tr><td>saldría
saldrías
saldría
saldríamos
saldríais
saldrían</td><td>salga
salgas
salga
salgamos
salgáis
salgan</td><td>saliera(se)
salieras(ses)
saliera(se)
saliéramos(semos)
salierais(seis)
salieran(sen)</td><td>sal
no salgas
salga
salgan</td></tr>
<tr><td colspan="4">현재분사 : saliendo　　　　　　　　　　과거분사 : salido</td></tr>
</table>

<table>
<tr><td colspan="4" align="center">seguir 계속하다</td></tr>
<tr><td align="center">직설법 현재</td><td align="center">단순과거</td><td align="center">불완료과거</td><td align="center">미　래</td></tr>
<tr><td>sigo
sigues
sigue
seguimos
seguís
siguen</td><td>seguí
seguiste
siguió
seguimos
seguisteis
siguieron</td><td>seguía
seguías
seguía
seguíamos
seguíais
seguían</td><td>seguiré
seguirás
seguirá
seguiremos
seguiréis
seguirán</td></tr>
<tr><td align="center">조　　건</td><td align="center">접속법 현재</td><td align="center">접속법 과거</td><td align="center">명령형</td></tr>
<tr><td>seguiría
seguirías
seguiría
seguiríamos
seguiríais
seguirían</td><td>siga
sigas
siga
sigamos
sigáis
sigan</td><td>siguiera(se)
siguieras(ses)
siguiera(se)
siguiéramos(semos)
siguierais(seis)
siguieran(sen)</td><td>sigue
no sigas
siga
sigan</td></tr>
<tr><td colspan="4">현재분사 : siguiendo　　　　　　　　　　과거분사 : seguido</td></tr>
</table>

sentar 앉히다			
직설법 현재	단순과거	불완료과거	미　래
siento	senté	sentaba	sentaré
sientas	sentaste	sentabas	sentarás
sienta	sentó	sentaba	sentará
sentamos	sentamos	sentábamos	sentaremos
sentáis	sentasteis	sentabais	sentaréis
sientan	sentaron	sentaban	sentarán
조　　　건	접속법 현재	접속법 과거	명령형
sentaría	siente	sentara(se)	sienta
sentarías	sientes	sentaras(ses)	no sientes
sentaría	siente	sentara(se)	siente
sentaríamos	sentemos	sentáramos(semos)	sienten
sentaríais	sentéis	sentarais(seis)	
sentarían	sienten	sentaran(sen)	
현재분사 : sentando		과거분사 : sentado	

sentir 느끼다			
직설법 현재	단순과거	불완료과거	미　　래
siento	sentí	sentía	sentiré
sientes	sentiste	sentías	sentirás
siente	sintió	sentía	sentirá
sentimos	sentimos	sentíamos	sentiremos
sentís	sentisteis	sentíais	sentiréis
sienten	sintieron	sentían	sentirán
조　　　건	접속법 현재	접속법 과거	명령형
sentiría	sienta	sintiera(se)	siente
sentirías	sientas	sintieras(ses)	no sientas
sentiría	sienta	sintiera(se)	sienta
sentiríamos	sintamos	sintiéramos(semos)	sientan
sentiríais	sintáis	sintierais(seis)	
sentirían	sientan	sintieran(sen)	
현재분사 : sintiendo		과거분사 : sentido	

<table>
<tr><td colspan="4" align="center">ser ...이다</td></tr>
<tr><td>직설법 현재</td><td>단순과거</td><td>불완료과거</td><td>미 래</td></tr>
<tr><td>soy
eres
es
somos
sois
son</td><td>fui
fuiiste
fue
fuimos
fuisteis
fueron</td><td>era
eras
era
éramos
erais
eran</td><td>seré
serás
será
seremos
seréis
serán</td></tr>
<tr><td>조 건</td><td>접속법 현재</td><td>접속법 과거</td><td>명령형</td></tr>
<tr><td>sería
serías
sería
seríamos
seríais
serían</td><td>sea
seas
sea
seamos
seáis
sean</td><td>fuera(se)
fueras(ses)
fuera(se)
fuéramos(semos)
fuerais(seis)
fueran(sen)</td><td>sé
no seas
sea
sean</td></tr>
<tr><td colspan="2">현재분사 : siendo</td><td colspan="2">과거분사 : sido</td></tr>
</table>

<table>
<tr><td colspan="4" align="center">servir 봉사하다</td></tr>
<tr><td>직설법 현재</td><td>단순과거</td><td>불완료과거</td><td>미 래</td></tr>
<tr><td>sirvo
sirves
sirve
servimos
servís
sirven</td><td>serví
serviste
sirvió
servimos
servisteis
sirvieron</td><td>servía
servías
servía
servíamos
servíais
servían</td><td>serviré
servirás
servirá
serviremos
serviréis
servirán</td></tr>
<tr><td>조 건</td><td>접속법 현재</td><td>접속법 과거</td><td>명령형</td></tr>
<tr><td>serviría
servirías
serviría
serviríamos
serviríais
servirían</td><td>sirva
sirvas
sirva
sirvamos
sirváis
sirvan</td><td>sirviera(se)
sirvieras(ses)
sirviera(se)
sirviéramos(semos)
sirvierais(seis)
sirvieran(sen)</td><td>sirve
no sirvas
sirva
sirvan</td></tr>
<tr><td colspan="2">현재분사 : sirviendo</td><td colspan="2">과거분사 : servido</td></tr>
</table>

<table>
<tr><td colspan="4" align="center">sugerir 제의하다</td></tr>
<tr><td align="center">직설법 현재</td><td align="center">단순과거</td><td align="center">불완료과거</td><td align="center">미　래</td></tr>
<tr><td>sugiero
sugieres
sugiere
sugerimos
sugerís
sugieren</td><td>sugerí
sugeriste
sugirió
sugerimos
sugeristeis
sugirieron</td><td>sugería
sugerías
sugería
sugeríamos
sugeríais
sugerían</td><td>sugeriré
sugerirás
sugerirá
sugeriremos
sugeriréis
sugerirán</td></tr>
<tr><td align="center">조　　　건</td><td align="center">접속법 현재</td><td align="center">접속법 과거</td><td align="center">명령형</td></tr>
<tr><td>sugeriría
sugerirías
sugeriría
sugeriríamos
sugeriríais
sugerirían</td><td>sugiera
sugieras
sugiera
sugieramos
sugieráis
sugieran</td><td>sugiriera(se)
sugirieras(ses)
sugiriera(se)
sugiriéramos(semos)
sugirierais(seis)
sugirieran(sen)</td><td>sugiere
no sugieras
sugiera
sugieran</td></tr>
<tr><td colspan="4">현재분사 : sugiriendo　　　　　　　　과거분사 : sugerido</td></tr>
</table>

<table>
<tr><td colspan="4" align="center">tener 가지다</td></tr>
<tr><td align="center">직설법 현재</td><td align="center">단순과거</td><td align="center">불완료과거</td><td align="center">미　래</td></tr>
<tr><td>tengo
tienes
tiene
tenemos
tenéis
tienen</td><td>tuve
tuviste
tuvo
tuvimos
tuvisteis
tuvieron</td><td>tenía
tenías
tenía
teníamos
teníais
tenían</td><td>tendré
tendrás
tendrá
tendremos
tendréis
tendrán</td></tr>
<tr><td align="center">조　　　건</td><td align="center">접속법 현재</td><td align="center">접속법 과거</td><td align="center">명령형</td></tr>
<tr><td>tendría
tendrías
tendría
tendríamos
tendríais
tendrían</td><td>tenga
tengas
tenga
tengamos
tengáis
tengan</td><td>tuviera(se)
tuvieras(ses)
tuviera(se)
tuviéramos(semos)
tuvierais(seis)
tuvieran(sen)</td><td>ten
no tengas
tenga
tengan</td></tr>
<tr><td colspan="4">현재분사 : teniendo　　　　　　　　과거분사 : tenido</td></tr>
</table>

traducir 번역하다			
직설법 현재	단순과거	불완료과거	미　　래
traduzco	traduje	traducía	traduciré
traduces	tradujiste	traducías	traducirás
traduce	tradujo	traducía	traducirá
traducimos	tradujimos	traducíamos	traduciremos
traducís	tradujisteis	traducíais	traduciréis
traducen	tradujeron	traducían	traducirán
조　　　　건	접속법 현재	접속법 과거	명령형
traduciría	traduzca	tradujera(se)	traduce
traducirías	traduzcas	tradujeras(ses)	no traduzcas
traduciría	traduzca	tradujera(se)	traduzca
traduciríamos	traduzcamos	tradujéramos(semos)	traduzcan
traduciríais	traduzcáis	tradujerais(seis)	
traducirían	traduzcan	tradujeran(sen)	

현재분사 : traduciendo　　　　　과거분사 : traducido

traer 가져오다			
직설법 현재	단순과거	불완료과거	미　　래
traigo	traje	traía	traeré
traes	trajiste	traías	traerás
trae	trajo	traía	traerá
traemos	trajimos	traíamos	traeremos
traéis	trajisteis	traíais	traeréis
traen	trajeron	traían	traerán
조　　　　건	접속법 현재	접속법 과거	명령형
traería	traiga	trajera(se)	trae
traerías	traigas	trajeras(ses)	no traigas
traería	traiga	trajera(se)	traiga
traeríamos	traigamos	trajéramos(semos)	traigan
traeríais	traigáis	trajerais(seis)	
traerían	traigan	trajeran(sen)	

현재분사 : trayendo　　　　　과거분사 : traído

<table>
<tr><td colspan="4" align="center">valer 가치가 있다</td></tr>
<tr><td align="center">직설법 현재</td><td align="center">단순과거</td><td align="center">불완료과거</td><td align="center">미　래</td></tr>
<tr>
<td>valgo
vales
vale
valemos
valéis
valen</td>
<td>valí
valiste
valió
valimos
valisteis
valieron</td>
<td>valía
valías
valía
valíamos
valíais
valían</td>
<td>valdré
valdrás
valdrá
valdremos
valdréis
valdrán</td>
</tr>
<tr><td align="center">조　　　건</td><td align="center">접속법 현재</td><td align="center">접속법 과거</td><td align="center">명령형</td></tr>
<tr>
<td>valdría
valdrías
valdría
valdríamos
valdríais
valdrían</td>
<td>valga
valgas
valga
valgamos
valgáis
valgan</td>
<td>valiera(se)
valieras(ses)
valiera(se)
valiéramos(semos)
valierais(seis)
valieran(sen)</td>
<td>vale
no valgas
valga
valgan</td>
</tr>
<tr><td colspan="2">현재분사 : valiendo</td><td colspan="2">과거분사 : valido</td></tr>
</table>

<table>
<tr><td colspan="4" align="center">venir 오다</td></tr>
<tr><td align="center">직설법 현재</td><td align="center">단순과거</td><td align="center">불완료과거</td><td align="center">미　래</td></tr>
<tr>
<td>vengo
vienes
viene
venimos
venís
vienen</td>
<td>vine
viniste
vino
vinimos
vinisteis
vinieron</td>
<td>venía
venías
venía
veníamos
veníais
venían</td>
<td>vendré
vendrás
vendrá
vendremos
vendréis
vendrán</td>
</tr>
<tr><td align="center">조　　　건</td><td align="center">접속법 현재</td><td align="center">접속법 과거</td><td align="center">명령형</td></tr>
<tr>
<td>vendría
vendrías
vendría
vendríamos
vendríais
vendrían</td>
<td>venga
vengas
venga
vengamos
vengáis
vengan</td>
<td>viniera(se)
vinieras(ses)
viniera(se)
viniéramos(semos)
vinierais(seis)
vinieran(sen)</td>
<td>ven
no vengas
venga
vengan</td>
</tr>
<tr><td colspan="2">현재분사 : viniendo</td><td colspan="2">과거분사 : venido</td></tr>
</table>

<table>
<tr><td colspan="4" align="center">ver 보다</td></tr>
<tr><td>직설법 현재</td><td>단순과거</td><td>불완료과거</td><td>미　래</td></tr>
<tr>
<td>veo
ves
ve
vemos
veis
ven</td>
<td>vi
viste
vio
vimos
visteis
vieron</td>
<td>veía
veías
veía
veíamos
veíais
veían</td>
<td>veré
verás
verá
veremos
veréis
verán</td>
</tr>
<tr><td>조　　건</td><td>접속법 현재</td><td>접속법 과거</td><td>명령형</td></tr>
<tr>
<td>vería
verías
vería
veríamos
veríais
verían</td>
<td>vea
veas
vea
veamos
veáis
vean</td>
<td>viera(se)
vieras(ses)
viera(se)
viéramos(semos)
vierais(seis)
vieran(sen)</td>
<td>ve
no vas
vea
vean</td>
</tr>
<tr><td colspan="2">현재분사 : viendo</td><td colspan="2">과거분사 : visto</td></tr>
</table>

<table>
<tr><td colspan="4" align="center">vestir 옷을 입히다</td></tr>
<tr><td>직설법 현재</td><td>단순과거</td><td>불완료과거</td><td>미　래</td></tr>
<tr>
<td>visto
vistes
viste
vestimos
vestís
visten</td>
<td>vestí
vestiste
vistió
vestimos
vestisteis
vistieron</td>
<td>vestía
vestías
vestía
vestíamos
vestíais
vestían</td>
<td>vestiré
vestirás
vestirá
vestiremos
vestiréis
vestirán</td>
</tr>
<tr><td>조　　건</td><td>접속법 현재</td><td>접속법 과거</td><td>명령형</td></tr>
<tr>
<td>vestiría
vestirías
vestiría
vestiríamos
vestiríais
vestirían</td>
<td>vista
vistas
vista
vistamos
vistáis
vistan</td>
<td>vistiera(se)
vistieras(ses)
vistiera(se)
vistiéramos(semos)
vistierais(seis)
vistieran(sen)</td>
<td>viste
no vistas
vista
vistan</td>
</tr>
<tr><td colspan="2">현재분사 : vistiendo</td><td colspan="2">과거분사 : vestido</td></tr>
</table>

<table>
<tr><td colspan="4" align="center">volar 날다</td></tr>
<tr><td>직설법 현재</td><td>단순과거</td><td>불완료과거</td><td>미　래</td></tr>
<tr><td>vuelo
vuelas
vuela
volamos
voláis
vuelan</td><td>volé
volaste
voló
volamos
volasteis
volaron</td><td>volaba
volabas
volaba
volábamos
volabais
volaban</td><td>volaré
volarás
volará
volaremos
volaréis
volarán</td></tr>
<tr><td>조　　　건</td><td>접속법 현재</td><td>접속법 과거</td><td>명령형</td></tr>
<tr><td>volaría
volarías
volaría
volaríamos
volaríais
volarían</td><td>vuele
vueles
vuele
volemos
voléis
vuelen</td><td>volara(se)
volaras(ses)
volara(se)
voláramos(semos)
volarais(seis)
volaran(sen)</td><td>vuela
no vueles
vuele
vuelen</td></tr>
<tr><td colspan="2">현재분사 : volando</td><td colspan="2">과거분사 : volado</td></tr>
</table>

<table>
<tr><td colspan="4" align="center">volver 돌아오다</td></tr>
<tr><td>직설법 현재</td><td>단순과거</td><td>불완료과거</td><td>미　래</td></tr>
<tr><td>vuelvo
vuelves
vuelve
volvemos
volvéis
vuelven</td><td>volví
volviste
volvió
volvimos
volvisteis
volvieron</td><td>volvía
volvías
volvía
volvíamos
volvíais
volvían</td><td>volveré
volverás
volverá
volveremos
volveréis
volverán</td></tr>
<tr><td>조　　　건</td><td>접속법 현재</td><td>접속법 과거</td><td>명령형</td></tr>
<tr><td>volvería
volverías
volvería
volveríamos
volveríais
volverían</td><td>vuelva
vuelvas
vuelva
volvamos
volváis
vuelvan</td><td>volviera(se)
volvieras(ses)
volviera(se)
volviéramos(semos)
volvierais(seis)
volvieran(sen)</td><td>vuelve
no vuelvas
vuelva
vuelvan</td></tr>
<tr><td colspan="2">현재분사 : volviendo</td><td colspan="2">과거분사 : vuelto</td></tr>
</table>

연습문제 답안

p16 다음 지명에 나오는 굵은 글씨로 된 문자의 대문자 및 소문자를 쓰고 그 명칭을 말하시오.

문 자	명 칭	문 자	명 칭
A a	a	N n	ene
B b	be	ñ	eñe
C c	ce	O o	o
Ch ch	che	P p	pe
D d	de	Q q	cu
E e	e	R r	ere
F f	efe	rr	erre
G g	ge	S s	ese
H h	hache	T t	te
I i	i	U u	u
J j	jota	V v	uve
K k	ka	W w	uve doble
L l	ele	X x	equis
Ll ll	elle	Y y	i griega
M n	eme	Z z	zeta

p17 다음에 나오는 단어를 음절분해 하고 강세가 오는 음절을 표기하시오.

1. es-pe-ro
2. doc-tor
3. so-cial
4. vuel-tos
5. pro-gra-ma
6. tran-qui-la
7. i-de-a
8. fe-rro-ca-rril
9. cons-tan-cia
10. cri-mi-nal
11. su-pre-mo
12. cho-co-la-te
13. le-er
14. co-lo-ra-do
15. co-mu-ni-dad

p21 다음에 나오는 명사의 성을 말하시오.

1. 여성	2. 남성	3. 여성
4. 남성	5. 남성	6. 남성
7. 남성	8. 남성	9. 여성
10. 남성	11. 여성	12. 남성

p22 다음 명사를 복수형으로 바꾸시오.

1. flores	2. canciones
3. relojes	4. días
5. zapatos	6. veces
7. papeles	8. profesores
9. autobuses	10. trenes

p23 다음에 나오는 명사에 해당하는 정관사를 쓴 다음, 복수형으로 바꾸시오.

1. el → los coches
2. el → los médicos
3. la → las niñas
4. la → las manos
5. el → los hoteles
6. el → los hombres
7. la → las habitaciones
8. el → los radios 혹은 la → las radios
9. el → los días
10. la → las fotos

p24 다음에 나오는 명사에 해당하는 부정관사를 쓴 다음, 복수형으로 바꾸시오.

1. un → unos cafés
2. un → unos zapatos
3. una → unas flores
4. un → unos mapas
5. un → unos hijos
6. una → unas cervezas

7. un   →   unos autobuses

8. un   →   unos problemas

9. una → unas motos

10. un   →   unos sofás

p25 다음 괄호 안에 나오는 우리말에 해당하는 스페인어를 쓰시오.

1. una computadora
2. un cuaderno
3. una llave
4. un reloj
5. una flor
6. una escuela
7. un baño
8. un hospital
9. una rosa
10. una puerta

LECCIÓN 03

p29 다음 우리말에 해당되는 인칭 대명사를 빈칸에 넣으시오.

단수		복수		
yo	나	nosotros(남성)		우리들
		nosotras(여성)		
tú	너	vosotros(남성)		너희들
		vosotras(여성)		
usted(Ud.)	당신	ustedes(Uds.)		당신들
él	그	ellos		그들
ella	그녀	ellas		그녀들

p29 다음에 나오는 사람에게 말을 하려고 할 때 여러분들이 사용해야 하는 적절한 인칭 대명사를 고르시오.

1. Ud.
2. tú
3. tú
4. tú
5. Ud.
6. tú
7. Ud.
8. Ud.

p31 다음 빈칸에 ser 동사의 적당한 변화형을 쓰시오.

1. soy
2. eres
3. es

<table>
<tr><td>4. somos</td><td>5. son</td><td>6. son</td></tr>
<tr><td>7. es</td><td>8. son</td><td>9. es</td></tr>
<tr><td>10. es</td><td></td><td></td></tr>
</table>

p34 다음 문장을 완성하시오.

1. María es una muchacha inteligente.
2. Pedro y Juan son españoles.
3. La profesora es simpática.
4. Marisa es alta.
5. Las mujeres son morenas.
6. Adrinana es rubia.
7. Los muchachos son bajos.
8. Pedro y Juan son gordos.
9. Tú y yo somos delgados.
10. Las clases son fáciles.

p35 다음에 나오는 단어를 사용하여 보기와 같이 문장을 만드시오.

1. Él es un maestro simpático.
2. El muchacho es un buen amigo.
3. Yo soy un estudiante trabajador.
   혹은 Yo soy una estudiante trabajadora.
4. Nosotros somos estudiantes serios.
   혹은 Nosotras somos estudiantes serias.
5. Las señoras son vecinas aburridas.
6. La señorita es una buena doctora.
7. Tú eres un estudiante inteligente.
   혹은 Tú eres una estudiante inteligente.
8. Los señores son policías fuertes.

p36 다음 빈칸에 estar 동사의 올바른 형태를 쓰시오.

<table>
<tr><td>1. está</td><td>2. estoy</td><td>3. están</td></tr>
<tr><td>4. está</td><td>5. estamos</td><td>6. están</td></tr>
<tr><td>7. está</td><td>8. está</td><td>9. están</td></tr>
<tr><td>10. están</td><td></td><td></td></tr>
</table>

p37 다음에 나오는 단어를 사용하여 보기와 같이 쓰시오.

1. los libros de la mestra
2. el reloj de Jorge
3. las amigas de Armando
4. el Presidente de Corea
5. la dirección de Adela
6. el curso de computación
7. el dinero de Marta
8. el número de teléfono

p39 다음 빈칸에 ser 동사나 estar 동사를 넣어 문장을 완성하시오.

1. es	2. está	3. es 혹은 está
4. es, está	5. está	6. es
7. es, es	8. es	9. están
10. es 혹은 está		

p40 다음 괄호 안에 나오는 출신 도시를 먼저 쓰고, 국명에 해당하는 국적을 쓰시오.

1. de Rosario, argentino
2. de la ciudad de México, mexicano
3. de Santiago, chileno
4. de Pekín, china
5. de Barcelona, español
6. de la Habana, cubano

LECCIÓN 04

p46 다음 단어를 사용하여 보기와 같이 문장을 만드시오.

1. Isabel canta muy bien.
2. La profesora Díaz enseña inglés.
3. Los estudiantes estudian mucho.
4. Uds. hablan español en la clase.
5. Nosotros sacamos buenas notas.
6. Ella camina por la calle.

7. Entro en el salón de clase tarde.

8. Él necesita una computadora.

p47 다음 빈칸에 적당한 동사를 보기에서 골라 문장을 완성하시오.

1. estudian, Estudiamos

2. trabajas, trabajo

3. desea, Deseo

4. necesitas, Necesito

5. hablan, habla, habla

6. regresan, regreso, regresa

p49 다음에 주어진 단어를 이용하여 의문문을 만드시오.

1. ¿Estudias en la clase?

2. ¿Necesita dinero Ud.? 혹은 ¿Ud. necesita dinero?

3. ¿Deseas hablar con el profesor?

4. ¿Está la profesora en casa? 혹은 ¿La profesora está en casa?

5. ¿Toman Uds. café? 혹은 ¿Uds. toman café?

p50 다음 빈칸에 적당한 말을 넣어 대화를 완성하시오.

1. Qué, Estudiamos

2. Cuándo, Estudio

3. Dónde, trabaja

4. Cómo, Estoy

5. Quién, Es

p50 다음 문장을 부정문으로 만드시오.

1. Ana no trabaja esta noche.

2. Carmen y Pablo no estudian en la biblioteca.

3. Carmen no habla con Raquel.

4. Ana no necesita libros.

5. Carmen y María no desean tomar helado.

p52 다음 빈칸에 적당한 동사 변화형을 쓰시오.

1. aprendo	2. debo	3. leemos
4. Comemos	5. Venden	

 다음 빈칸에 적당한 동사 변화형을 쓰시오.

1. escribimos
2. Vivimos
3. recibo

p54 다음 빈칸에 hay, está, están 중에서 적당한 것을 골라 쓰시오.

1. hay
2. está
3. están
4. Hay
5. están
6. hay
7. está
8. Hay
9. está
10. hay

p56 다음 괄호 안에 나오는 우리말에 해당하는 스페인어를 쓰시오.

1. al lado de
2. en
3. a la derecha de
4. cerca de
5. encima de 혹은 sobre
6. enfrente de

LECCIÓN 05

p61 다음 수를 스페인어로 말하시오.

1. veintiún
2. ocho
3. diecisiete
4. once
5. catorce
6. treinta
7. veintinueve
8. veinte
9. quince
10. veinticinco

p61 다음 기수에 해당하는 서수를 쓰시오.

1. segundo
2. primero
3. tercero
4. octavo
5. sexto
6. noveno
7. quinto
8. décimo

p63 다음 시각을 스페인어로 말하시오.

1. Son las dos y veinticinco.
2. Son las ocho y media.

3. Son las diez y treinta y cinco.

4. Son las cinco y media.

5. Son las nueve y diecisiete.

6. Son las cuatro y catorce.

7. Son las siete y cuarenta y cinco. 혹은 Son las ocho menos cuarto.
   혹은 Son cuince para las ocho.

8. Son las doce y trece.

9. Son las once y uno.

10. Son las quatro menos dos. 혹은 Son dos para las cuatro.

p64 다음에 나오는 단어를 이용하여 보기처럼 문장을 만드시오.

1. El autobús llega a las dos y cuarto.

2. La clase de español es a las nueve y media.

3. La fiesta es a la ocho y veinte.

4. La secretaria come a las dos.

5. El avión sale a las cinco.

p65 다음 빈칸에 ir나 dar 동사의 변화형을 쓰시오.

1. damos   2. van   3. da
4. doy   5. va

p66 다음 빈칸에 tener나 venir의 적당한 변화형을 쓰시오.

1. van, vamos, va

2. tienen, Tenemos, tienes, tengo

p67 다음 빈칸에 적당한 말을 아래의 보기에서 골라 쓰시오.

1. del

2. al, a la

3. de la, del

4. de los, de las

5. al, a la

p68 다음 숫자를 스페인어로 말하시오.

1. dos mil cuatro

2. quinientos quince

3. doscientas treinta y nueve

4. novecientos cincuenta

5. ciento noventa y seis

6. seiscientas cuarenta

7. novecientos ochenta

8. cuatrocientas dos

p71 다음 물음에 보기와 같이 답하시오.

2. Hoy es lunes

3. Hoy es domingo.

4. Hoy es miércoles.

5. Hoy es sábado.

6. Hoy es jueves.

p71 다음 물음에 보기와 같이 답하시오.

2. Hoy es diez de enero de dos mil once.

3. Hoy es primero de abril de dos mil veintidós.

4. Hoy es cinco de agosto de mil novecientos noventa y ocho.

5. Hoy es veinticinco de junio de mil novecientos cincuenta.

6. Hoy es quince de agosto de mil novecientos cuarenta y cinco.

p72 다음 물음에 답하시오.

1. Hay doce meses.

2. Hay cuatro estaciones.

3. Febrero.

4. Hay treinta y un días.

5. Hay tres meses.

6. Abril, junio, septiembre y noviembre.

7. marzo, abril y mayo

8. junio, julio y agosto

9. septiembre, octubre y noviembre

10. diciembre, enero y febrero

p77 다음 괄호 안에 나오는 우리말에 해당하는 스페인어를 사용하여 문장을 완성하시오.

1. Su
2. sus
3. sus
4. mis
5. sus 혹은 vuestros
6. tu
7. mis
8. Nuestro
9. su
10. él, ella

p79 다음 괄호 안에 나오는 동사의 직설법 현재형을 쓰시오.

1. entendemos
2. quiere, prefiero
3. piensan
4. cierran
5. comienzan

p80 다음에 나오는 단어를 사용하여 보기와 같이 문장을 만드시오.

1. El niño va a ver un partido en la televisión mañana.
2. La abuela va a cenar en un restaurante mexicano esta noche.
3. Carmen y María van a bailar a la discoteca esta noche.
4. Carlos va a jugar al tenis mañana.
5. Mis padres van a pintar la casa esta tarde.

p82 다음 빈칸에 괄호 안의 우리말에 해당하는 스페인어를 넣어 문장을 완성하시오.

1. Estos
2. Ese
3. Esa
4. Este
5. estas
6. aquellos

p84 다음 빈칸에 적당한 목적 대명사를 넣으시오.

1. lo
2. Las
3. Las
4. la
5. te

p86 다음에 주어진 단어를 사용해서 주어를 yo로 하여 문장을 만드시오.

1. Sé hablar español.
2. Veo a mis amigos todos los días.
3. Conduzco el coche a la escuela.

4. Conozco a la familia de mi profesor.

5. Salgo de la clase a las once.

6. Pongo el pastel en la mesa.

7. Traigo un coche nuevo.

8. Hago ejercicio en la mañana.

p87 다음 빈칸에 saber와 conocer 동사 중에서 하나를 골라 쓰시오.

1. conozco, sé
2. conoce, sabe
3. conocen
4. sabemos
5. sabe

p89 다음 괄호 안에 나오는 동사의 직설법 현재형을 쓰시오.

1. almuerza
2. cuesta
3. duermo
4. pueden
5. vuelve

LECCIÓN 07

p93 다음 문장을 보기와 같이 후치형 소유 형용사를 사용하여 다시 쓰시오.

1. Aquel coche es mío.
2. Este cuaderno es mío.
3. Esos zapatos son nuestros.
4. Aquel traje es suyo.
5. Ese paraguas es nuestro.
6. Este dinero es suyo.
7. Este anillo es tuyo.
8. Esas llaves son suyas.

p93 다음 괄호 안의 우리말에 해당하는 소유 대명사를 쓰시오.

1. el tuyo
2. la suya
3. las nuestras
4. los tuyos
5. las suyas

p95 다음 빈칸에 적당한 간접 목적 대명사를 쓰시오.

1. Nos
2. Le
3. Me
4. les
5. le

p96 다음 빈칸에 적당한 목적 대명사를 쓰시오.

1. Te, la
2. Te, la
3. me, lo
4. me, la
5. Te, las

p97 괄호 안에 나오는 동사의 현재형을 사용하여 문장을 완성하시오.

1. sirven
2. pide
3. seguimos
4. consigues
5. digo, dice

p99 다음 괄호 안의 우리말에 해당하는 전치격 대명사를 쓰시오.

1. Uds. 혹은 Vosotros
2. conmigo, contigo
3. mí, ti, ella
4. Ud., mí

p101 다음 보기에 주어진 단어를 사용하여 문장을 완성하시오.

1. más, que
2. menos, que
3. mayor
4. peor
5. tantos, como
6. menor
7. mejor
8. tan, como

p102 다음 빈칸에 mucho나 muy를 넣어 문장을 완성하시오.

1. muy
2. mucho
3. mucha
4. muy
5. muy

p104 다음 물음에 부정으로 답하시오.

1. no necesto nada.
2. no tengo ninguno.
3. tampoco
4. no hay nadie.
5. nunca viajo con nadie.

p105 다음 빈칸에 들어갈 적당한 표현을 보기에서 골라 쓰시오.

1. Llueve
2. hace mucho frío.
3. calor
4. nieva
5. hace mucho sol.

1. invierno　　　　　　　　2. primavera

3. verano　　　　　　　　4. otoño

LECCIÓN 08

p111 다음에 나오는 단어를 사용하여 보기와 같이 문장을 만드시오.

1. A mi mejor amigo le gusta el café.

2. A mis padres les gusta la comida mexicana.

3. A mi novia le gusta el chocolate.

4. A mi profesora de español le gustan las canciones coreanas.

5. A mi abuela le gusta la fruta.

6. A Pedro le gusta andar en bicicleta.

7. A mi hermana le gusta ir de compras.

8. A mis primos les gusta ir al cine.

p113 다음 빈칸에 들어갈 적당한 표현을 보기에서 골라 쓰시오.

1. tiene hambre　　　　　2. tengo frío

3. tienes calor　　　　　4. tengo sueño

5. tengo prisa　　　　　6. tienen sed

7. tengo miedo　　　　　8. tengo hambre

p116 다음 단어를 사용하여 보기와 같이 묻고 답하시오.

1. ¿Qué haces primero, te lavas la cabeza o te lavas la cara?
   Primero me lavo la cabeza y luego me lavo la cara.

2. ¿Qué haces primero, te bañas o te lavas los dientes?
   Primero me baño y luego me lavo los dientes.

3. ¿Qué haces primero, te afeitas/te maquillas o te peinas?
   Primero me afeito/me maquillo y luego me peino.

4. ¿Qué haces primero, te lavas la cara o te pones la ropa?
   Primero me lavo la cara y luego me pongo la ropa.

5. ¿Qué haces primero, te pones la ropa o te peinas?
   Primero me pongo la ropa y luego me peino.

 다음 질문에 주어진 단어를 사용하여 답하시오.

1. Diana está comprando ropa.
2. Roberto y su hermano están hablando.
3. Luis está abriendo un libro.
4. Paco y yo estamos pasando un rato con los amigos.
5. Estás bailando con tus amigos.
6. Nosotros estamos leyendo una novela.
7. Estoy viendo la televisión.
8. Sus amigos están oyendo la música.
9. Carlos está cantando.
10. La familia está comiendo.

p119 다음 질문에 주어진 단어를 사용하여 답하시오. 대답은 보기에 나오는 동사를 사용하시오.

1. Elsa tiene que esperar a su novio.
2. Elena y Jorge tienen que usar la computadora.
3. Antonio tiene que hacer la tarea.
4. Mónica e Isabel tienen que ayudar a su abuela.
5. Felipe tiene que hablar con la profesora.

p121 두 사람씩 짝을 지어 괄호 안의 신체부위를 사용하여 대답하시오.

1. Me duelen los ojos.
2. Me duele el pie.
3. Me duele la pierna.
4. Me duele la espalda.
5. Me duele el pecho.

LECCIÓN 09

p126 다음 단어를 사용하여 보기와 같이 문장을 만드시오.

1. Anoche cené con mis padres.
2. El año pasado Pedro pasó las vacaciones en Cancún.
3. Ayer él no estudió español.

4. El domingo pasado nosotros vimos una película de Steven Spilberg.

5. Ayer llegué a la clase tarde.

6. En 1994 mis padres compraron una casa en la playa.

7. ¿Quién habló por teléfono anoche?

8. El viernes pasado María salió con Antonio.

9. Ayer mi familia comió en un restaurante japonés.

10. El año pasado Gustavo terminó sus estudios.

p128 다음 ser, ir, dar 동사의 단순과거형을 사용하여 문장을 완성하시오.

1. fui	2. fue	3. diste
4. fuimos	5. dio	6. fueron
7. dio	8. fueron	9. dimos
10. fue		

p129 다음 괄호 안에 나오는 동사의 단순과거형을 사용하여 문장을 완성하시오.

1. estuvieron	2. tuvieron	3. pusiste
4. trajo	5. hizo	6. pude
7. hubo	8. dijeron	9. traduje
10. vino		

p131 다음 문장을 불완료과거 시제를 사용하여 다시 쓰시오.

1. Mi familia y yo vivíamos en Santiago.

2. Mi padre trabajaba para la compañía Samsung.

3. Mis hermanos y yo asistíamos a la escuela.

4. Generalmente pasábamos las vacaciones en Viña del Mar.

5. Allí nadábamos, pescábamos y tomábamos el sol.

6. En invierno íbamos a las montañas para esquiar.

7. Mis abuelos vivían en Corea y no los veíamos mucho.

8. Siempre les escribía a mis abuelos.

p132 다음 빈칸에 들어갈 적당한 말을 쓰시오.

1. comía	2. leía	3. levantaba
4. nado	5. iba	6. hago
7. estudiaba	8. ganaba	9. gustaba
10. toco		

 다음 괄호 안에 나오는 동사의 단순과거형을 쓰시오.

1. pedí
2. volvió, durmió
3. dimos, servimos
4. siguieron
5. murió

p136 다음 괄호 안의 동사를 문맥에 맞게 단순과거나 불완료과거로 고치시오.

1. compraba
2. paseaba
3. me acosté, estaba
4. vivía
5. comías
6. oyeron
7. traía
8. hablaba
9. era, comía
10. llamé, estaba

LECCIÓN 10

p142 다음 질문에 보기에서 적당한 동사를 골라 대답하시오.

1. Estaba tomando
2. Estaba limpiando
3. Estaba viendo
4. Estaba estudiando
5. Estaba leyendo
6. Estaba escuchando
7. Estaba esperando
8. Estaba saliendo

p145 다음 괄호 안에 나오는 동사의 과거분사형을 쓰시오.

1. hechos
2. fabricada
3. escritas
4. deprimido
5. cansadas
6. dirigida
7. abierta
8. rotos

p148 다음 괄호 안에 나오는 동사의 현재완료형을 쓰시오.

1. hemos estudiado
2. he viajado
3. ha ido
4. hemos visto
5. ha estudiado
6. ha abierto
7. ha puesto
8. he venido
9. se han casado
10. han limpiado

p150 다음 빈칸에 현재완료나 단순과거 중 적당한 시제를 사용하여 문장을 완성하시오.

1. escuché
2. han recibido
3. hemos visto
4. hiciste
5. ha regresado
6. ha ido

p151 다음 빈칸에 por나 para 중 적당한 전치사를 쓰시오.

1. para   2. por   3. para

4. por   5. por   6. para

7. por   8. para

p152 다음 괄호 안에 나오는 동사의 과거완료형을 쓰시오.

1. había hecho   2. se habían acostado

3. se habían levantado   4. habían llegado

5. se había ido

p153 다음에 qué나 cuál 중에서 적당한 것을 골라 대화를 완성하시오.

1. Cuál   2. Qué   3. Cuál

4. Cuál   5. Qué

LECCIÓN 11

p158 다음 문장을 수동태로 고치시오.

1. El tema fue explicado por la profesora.
2. La novela Don Quijote fue escrita por Cervantes.
3. El barco de papel fue hecho por los niños.
4. El juguete fue comprado por Marta.
5. La cena fue preparada por mi hermana.

p160 다음에 주어진 단어를 사용하여 보기와 같이 문장을 만드시오.

1. ¿Qué idioma se habla en Chile?
2. ¿A qué hora se abre el cine?
3. Se alquila departamento(apartamento).
4. ¿Dónde se venden sellos?
5. ¿Cómo se escribe tu nombre?
6. Se come mucho ajo en Corea.
7. Se produce mucho café en Colombia.
8. Se baila el tango en Argentina.
9. ¿Cómo se dice 'Salud' en coreano?
10. Se necesita secretaria.

 다음 빈칸에 a, de, en, con 중에서 적당한 전치사를 골라 쓰시오.

1. a	2. a, a	3. de
4. a	5. a, en	6. en, de
7. a, de	8. a, en	9. A, a, a
10. a, de	11. de	12. con
13. Con	14. de	15. de

p167 다음 질문에 적당한 대답을 보기에서 골라 답하시오.
1. Porque fui a la fiesta de cumpleaños de un amigo.
2. Porque está de viaje.
3. Porque no tengo hambre.
4. Porque vivo muy lejos.
5. Porque me gusta mucho.

LECCIÓN 12

p171 다음 문장에 나오는 que가 관계 대명사인지 아니면 명사절을 이끄는 접속사인지를 구별하고 우리말로 번역하시오.
1. 관계 대명사
번역: 축구는 내가 가장 좋아하는 스포츠이다.
2. 관계 대명사
번역: 빠블로 네루다는 노벨상을 탄 시인이다.
3. 접속사
번역: 한국 사람들은 아주 부지런하다고 말한다.
4. 접속사
번역: 환은 자기 여자친구가 자기를 더 이상 사랑하지 않는다고 생각한다.
5. 접속사
번역: 까르멘은 중남미사람들이 낙천적이라고 말한다.
6. 관계 대명사
번역: 네가 어제 산 책들은 어디에 있니?

p174 다음의 문장을 동사의 미래형을 사용하여 다시 쓰시오.
1. Te diré la verdad.

2. Ella saldrá con Mario mañana.

3. ¿Qué harán Uds.?

4. Lo sabrán mañana.

5. Invitaré a todos mis amigos.

6. No podrás venir esta tarde.

7. Tendré que estudiar.

8. Volverán a las cinco.

9. Nosotros vendremos con él.

10. ¿Dónde lo pondrás?

p176 다음 문장을 보기와 같이 조건문으로 만드시오.

1. Si te levantas tarde, llegarás tarde a la clase.

2. Si termino el trabajo, saldré contigo.

3. Si aprobamos el examen, haremos una fiesta.

4. Si Uds. beben un poco de té, se sentirán mejor.

5. Si no te pones abrigo, te enfermarás.

6. Si ellos van, Uds. podrán verlos.

7. Si Uds. trabajan mucho, tendrán éxito.

8. Si hace buen tiempo, Miguel y Juan irán a la playa.

9. Si llueve, nosotros haremos la fiesta adentro.

10. Si puedes, iremos a pescar.

p179 다음 빈칸에 조건시제의 적당한 형태를 쓰시오.

1. sería
2. llamaría
3. Podría
4. hablaría
5. limpiaría
6. gustaría
7. cocinaría
8. tendríamos
9. iría
10. tomaría

p180 다음에 제시된 상황에 적절한 대답을 보기에서 골라 쓰시오.

1. ¡Qué pena!

2. ¡Qué mala suerte!

3. ¡Qué suerte!

4. ¡Qué bien!

5. ¡No me digas!

p186 다음 동사의 접속법 현재형을 말하시오.

1. estudie	estudiemos	estudien
2. lea	leamos	lean
3. escriba	escribamos	escriban
4. viva	vivamos	vivan
5. reciba	recibamos	reciban
6. traiga	traigamos	traigan
7. venga	vengamos	vengan
8. diga	digamos	digan
9. vea	veamos	vean
10. pague	paguemos	paguen
11. oiga	oigamos	oigan
12. escuche	escuchemos	escuchen
13. empiece	empecemos	empiecen
14. conozca	conozcamos	conozcan
15. haga	hagamos	hagan
16. ponga	pongamos	pongan
17. tenga	tengamos	tengan
18. salga	salgamos	salgan
19. espere	esperemos	esperen
20. llegue	lleguemos	lleguen

p188 다음에 나오는 동사의 접속법 현재형을 쓰시오.

1. sienta	sientas	sientan
2. vaya	vayas	vayan
3. dé	des	den
4. sea	seas	sean
5. esté	estés	estén
6. muera	mueras	mueran
7. sepa	sepas	sepan
8. encuentre	encuentres	encuentren
9. cierre	cierres	cierren

10. duerma   duermas   duerman
11. quiera   quieras   quieran
12. despierte   despiertes   despierten
13. pueda   puedas   puedan
14. entienda   entiendas   entiendan
15. pida   pidas   pidan
16. piense   pienses   piensen
17. recomiende   recomiendes   recomienden
18. vuelva   vuelvas   vuelvan
19. pruebe   pruebes   prueben
20. pierda   pierdas   pierdan

p190 다음의 질문에 주어진 문장을 사용하여 보기와 같이 답하시오.

1. El director quiere que yo sea más puntual.
2. Deseamos que todo el mundo sea más feliz.
3. Espero que mi novio(a) vuleva pronto.
4. Mi profesor quiere que no hablemos coreano en clase.
5. Mis padres me dicen que maneje con cuidado.
6. El médico me aconseja que coma más legumbres.
7. El dentista me recomienda que me lave los dientes después de comer.
8. El vecino me pide que no haga ruido en la noche.

p192 다음에 주어진 문장을 보기와 같이 다시 쓰시오.

1. Me alegro de que podamos ir a Cancún.
2. Siento que Julia no venga hoy.
3. Me alegro de que haga buen tiempo hoy.
4. Siento que no puedas quedarte más tiempo.
5. Me sorprende que no quieras venir aquí.

p194 다음 빈칸에 괄호 안에 나오는 동사의 올바른 현재시제를 쓰시오.

1. gusta   2. puedan   3. esté
4. hace   5. es   6. vayan
7. tiene   8. salga   9. regrese
10. quiere

p195 다음 빈칸에 적당한 접속법 현재형을 쓰시오.

1. venga
2. sepa
3. haga
4. lleguen
5. empiece

p196 다음 빈칸에 적당한 동사형을 쓰시오.

1. haga
2. viva
3. sea
4. trabajar
5. escribas

LECCIÓN 14

p202 다음에 주어진 단어를 사용하여 Ud.과 Uds.의 명령문을 만드시오.

1. Venga a clase temprano.
   Vengan a clase temprano.
2. Abra el libro.
   Abran el libro.
3. No duerma hasta muy tarde.
   No duerman hasta muy tarde.
4. Vaya a ver el Palacio Nacional.
   Vayan a ver el Palacio Nacional.
5. No hable coreano en la clase.
   No hablen coreano en la clase.

p205 다음에 주어진 단어를 이용하여 tú 명령문을 만드시오.

1. Estudia y no hables por teléfono con tus amigos.
2. Haz el trabajo y luego limpia la habitación.
3. Ve a la casa de Carlos y dile que la fiesta es hoy.
4. Vuelve temprano y cierra la puerta.
5. Levántate tempraqno mañana.
6. Pon la mesa.
7. No vayas al cine esta noche.
8. Compra un traje de baño.
9. Pon el dinero en Bancomer.
10. Ve al mercado y compra frutas.

 다음 괄호 안에 나오는 동사의 적당한 형태를 쓰시오.

1. tenga
2. habla
3. esté
4. sirve
5. sepa

 다음 괄호 안에 나오는 동사의 접속법 현재완료형을 쓰시오.

1. hayan regresado
2. haya visto
3. hayas venido
4. hayan hecho
5. haya estado

 다음 빈칸에 해당하는 동사의 접속법 과거형을 쓰시오.

	cantar	ser	poder	salir	saber
yo	cantara	fuera	pudiera	saliera	supiera
tú	cantaras	fueras	pudieras	salieras	supieras
Ud.	cantara	fuera	pudiera	saliera	supiera
nosotro(a)s	cantáramos	fuéramos	pudiéramos	saliéramos	supiéramos
vosotro(a)s	cantarais	fuerais	pudierais	salierais	supierais
Uds.	cantaran	fueran	pudieran	salieran	supieran

 다음에 나오는 문장을 보기와 같이 완성하시오.

1. Mis padres querían que me levantara temprano.
2. Le pidió que llegara a clase a tiempo.
3. Ernesto les dijo que no vieran la televisión todos los días.
4. El médico me aconsejó que fumara menos.
5. Yo esperaba que el profesor me diera una A.

 다음 괄호 안에 나오는 동사의 접속법 과거완료형을 쓰시오.

1. hubieras visto
2. hubiera ganado
3. se hubiera hecho
4. hubiera dicho
5. hubieras comprado

 다음 빈칸에 적당한 동사형을 쓰시오.

   1. ahorrara   2. hubiera tenido

   3. vieras   4. nevara

   5. hiciera   6. hubiera sabido

 두 사람씩 짝을 지어 상대방에게 다음 질문을 하고 보기에서 적당한 표현을 골라 대답하시오.

   1. Por supuesto. Ahora mismo, señor.

   2. Sí, lléveme al aeropuerto.

   3. Sí, sí, toma

   4. Ponlos en la mesa, por favor.

   5. ¡Claro, ábrela!

저자약력

김우성
- ▸ 한국외국어대학교 스페인어과 졸업
- ▸ 멕시코국립대학교 스페인어학 석사
- ▸ 멕시코국립대학교 스페인어학 박사
- ▸ 한국외국어대학교 동시통역대학원 한서과 강사
- ▸ 중등교원 임용시험, 사법고시 등 각종 국가고시 출제위원
- ▸ University of Texas at Austin 교환교수
- ▸ 현 부산외국어대학교 스페인어과 교수

초 급 실 용
스페인어문법 증보판

초 판 발 행	· 2004년 2월 28일
수정증보 1쇄	· 2023년 3월 02일
저 자	· 김우성
편집디자인	· 유후랑
발 행 인	· 윤우상
등 록 일	· 76. 2. 2. 제9-40호
펴 낸 곳	· 송산출판사
	서울 서대문구 통일로 32길 14
영 업 부	· (02)735-6189
편집부/팩스	· (02)737-2260
홈 페 이 지	· www.songsanpub.co.kr
E-mail	· songsan1@korea.com
값	· 14,000원

♧잘못된 책은 바꾸어 드립니다.
ISBN 978-89-7780-103-5 13770